DOCUMENTOS VIVOS

VINICIUS DE MORAES

NOVOS POEMAS

LIVRARIA JOSÉ OLYMPIO
EDITORA

1 Na página anterior, capa da primeira edição de *Novos poemas* (Rio de Janeiro: José Olympio, 1938).

2 Vinicius de Moraes, por Joanita Blank. O desenho ilustrava a primeira edição de *Novos poemas*.

3 Capa da primeira edição de *5 elegias* (Rio de Janeiro: Irmãos Pongetti, 1943), com projeto gráfico de Manuel Bandeira e Joanita Blank.

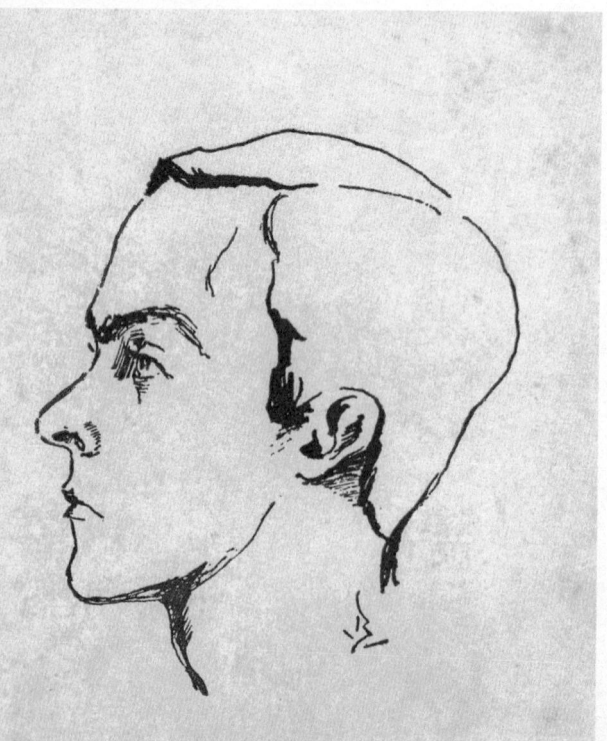

VINICIUS DE MORAES

5 elegias

PONGETTI
1943

Lamento ~~Pla~~ nº 1

Onde estão os teus olhos — onde estão? Ó mi-
 lagre de amor que escorrei dos meus olhos!...
Na agua iluminada dos rios da lua eu os vi
 descendo e passando e fugindo
Tam como as estrelas da manhã. — Vem, eu
 quero os teus olhos, meu amor!
A vida é só sombras que vão e sombras
 que vem vindo
O tempo é só sombras de perto e sombras
 na distancia — vem, o tempo cimala a vida!
Onde ocultar a minha dor si os teus olhos
 estão dormindo?...

Onde ~~está~~ está tua face? Eu a senti pou-
 sada sobre a aurora
Teu brando cortinado ao vento leve eram
 aras fremindo
Teu sopro tenue era como um pedido de
 silencio — ó a tua face iluminada!
Em mim, mãos se amarfurando, olhos no
 ceu olhando, ouvidos no ar ouvindo
Na minha face o orvalho da madrugada
 atroz, na minha boca o orvalho do teu
 nome!...
Vem... os velhos lirios estão fanando, os
 lirios novos estão florindo...

4 Manuscritos das primeiras versões de "Lamento nº 1" e "Lamento nº 2", que foram reunidos (mantendo-se uma divisão em partes e com subtítulos) em *Novos poemas* sob o título "Sonata do amor perdido".

Lamento nº 2

Junto á acacias amarelas ~~o~~ Teu corpo ~~nu~~ sobre
         a húmida relva de esmeralda,
Estavas triste e ausente — mas dos teus seios ia
         o sol se levantando
Os teus seios ~~nedou~~ desabrochados e palpitantes como
         pássaros amorosos
E a tua garganta afoniada e teu olhar nas
         lágrimas boiando!...
Ó a pureza que se abraçou ás tuas formas
         como um anjo
E sobre os teus labios e sobre os teus olhos
         está cantando!
Tu não virás jamais! Teus braços como asas
         frageis tocaram o espaço suspenso
Na poeira de ouro teus dedos se agitam
         ~~palpi~~ ~~correndo~~ premindo, correndo, dançando
Vais... ~~Os teus~~ cabelos ~~~~ ~~~~ desven-
         cilhados e rolam ~~no ritmo eterno~~...
         em onda sobre a tua nudez
         perfeita
E toda te encendeias no ~~imenso~~ ~~~~ facho
         da alma que está queimando.
Ó Beijemos a terra e sigamos a estrela que vai
         do fogo nascer no seu parado
É a musica, é a musica que vibra e está
         chamando!

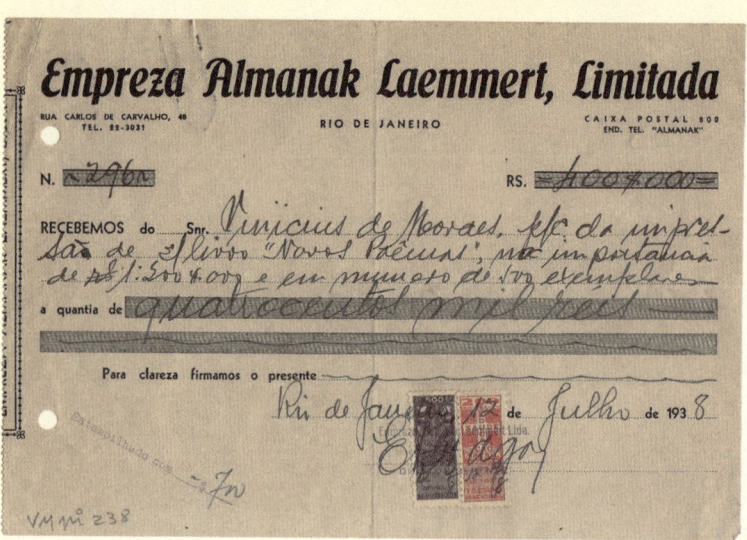

5 Recibo de pagamento da impressão de *Novos poemas*. O documento mostra que, embora tenha sido editado pela José Olympio, o livro foi custeado pelo próprio poeta.

6 Vinicius de Moraes, década de 40.

7 Rio de Janeiro. As praias e o mar são constantes na poesia e no cancioneiro de Vinicius de Moraes. Em *Novos poemas*, o poema "Princípio" põe em cena um mar mítico, onírico: "Não a superfície calma, mas o abismo povoado de peixes fantásticos e sábios…".

8 Vista de Chelsea, 1872.

No ano em que publicou *Novos poemas*, 1938, Vinicius foi agraciado com uma bolsa de estudos do Conselho Britânico para estudar língua e literatura inglesas na Universidade de Oxford (Magdalen College). Chelsea é o cenário do poema "A última elegia", escrito por Vinicius em 1939, pouco antes de retornar ao Brasil devido à eclosão da Segunda Grande Guerra.

9 Beatriz Azevedo de Mello, a Tati, primeira mulher de Vinicius de Moraes.

O poema "A última elegia", ambientado em Londres, tem como ponto de partida os encontros entre os dois. Vinicius fugia à noite do Magdalen College para se encontrarem às escondidas. Eles se casaram por procuração em 1939, enquanto Vinicius ainda estudava, ferindo uma das regras da instituição, que não permitia alunos casados.

10 Estudo de capa da primeira edição de *Cinco elegias*.

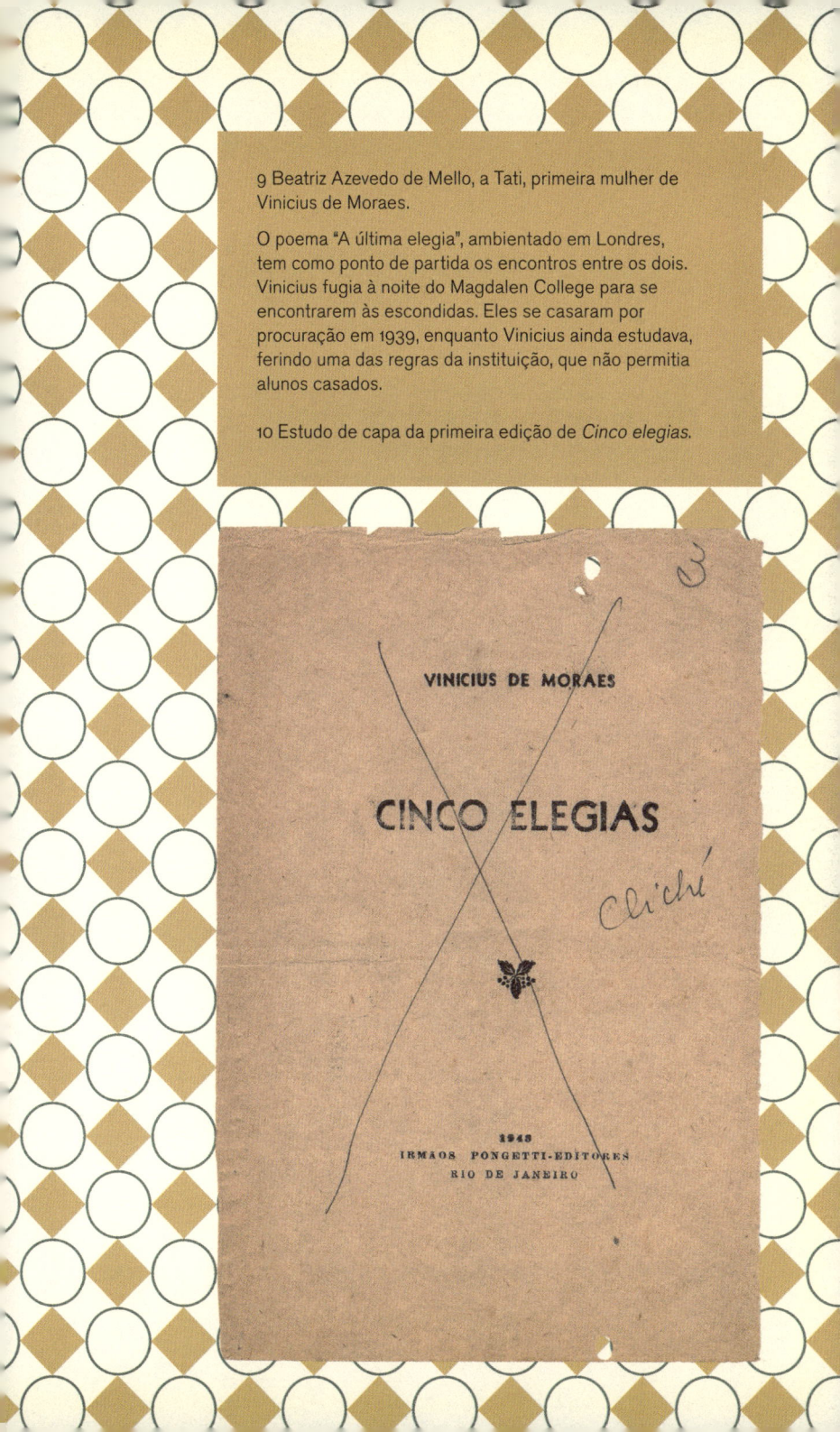

A Última Elegia

O roofs of Chelsea
peevish, newish roofs of Chelsea
tude melancoreos tortinepou os rouxinois
Forlornante balatas para nunca mais!
O immortal landscape
Um momento ~~ephemero~~ adieu do extase da aurora
Interseparaternangus ~~musta~~de memória
Na minha vida em lepinces!
Ver as iv
O ~~fenesviles~~, ô ~~pouresjem~~ calmo atlas do fog
Impassuido devorador das estelucidas?
Also! perplexo aqui me quipo
~~As pseudos Gigantescomontarespeltado~~
Gigantesco entre tres

11 Manuscrito e dactiloscrito de versões iniciais de "A última elegia".

A ÚLTIMA ELEGIA

PARA TATI

```
       O       L
   O   F S   H E
 O     O F C   E A
```
Greenish, newish roofs of Chelsea
Onde, merencóreos, toutinegram rouxinóis
Forlornando baladas para nunca mais!
O immortal landscape
              no anti-climax da aurora!
                       ô joy for ever!

Na hora da nossa morte et nunc et semper
Na minha vida em lágrimas!
                uér ar iú

O fenesuítes, calmo atlas do fog
Impassévido devorador das estelúridas?
Darling, darkling I listen...
            "...it is, my soul, it is
Her gracious self!..."
                murmura adormecida

é meu nome!...
        sou eu, sou eu, Nabucodonosor!
Motionless I climb
        the wat
               e
               r
    Am I   p   a Spider?
             i
    Am I   p   a Mirror?
             e
    Am I   s   an X Ray?

No, I'm the Three Musketeers
        rolled in a Romeo.
                Virus
Da alta e irreal paixão subindo as veias
Com que chegar ao coração da amiga.
                  Alas, celua

Me iluminou; celua me iludiu cantando
The songs of Los; e agora
            meus passos
                são gatos

12 Capa e contracapa da edição francesa de *Cinco elegias* (trad. Jean Georges Rueff, Paris: Pierre Seghers, 1953).

13 Vinicius e seu editor francês, Pierre Seghers, em 1972, fotografados por Alécio de Andrade. Além da edição de *Cinq élégies*, Seghers publicou, em 1960, a antologia *Recette de femme et autres poèmes*.

Hommage de l'Éditeur

PIERRE SEGHERS ED
228, BOULEVARD RASPAIL
PARIS (14ᵉ)

ODE 50-61

NOVOS POEMAS
E
CINCO ELEGIAS

NOVOS POEMAS
1938

E

CINCO ELEGIAS
1943

VINICIUS DE MORAES

COLEÇÃO
VINICIUS DE MORAES
COORDENAÇÃO
EDITORIAL
EUCANAÃ FERRAZ

Companhia Das Letras

Copyright © 2012 by V. M. Empreendimentos Artísticos e Culturais Ltda.

Grafia atualizada segundo o Acordo Ortográfico da Língua Portuguesa de 1990, que entrou em vigor no Brasil em 2009.

Capa e projeto gráfico
warrakloureiro
Imagens de capa
Grafismo © AIA/Glow Images. Sapato © MADOZ, Chema/ Licenciado por Autvis, Brasil, 2012. Fotografia; sem título, 1993. Estivador ajusta a barcaça ao rebocador, ao fundo se vê a Tower Bridge, dezembro de 1949. Londres, Inglaterra. © Hulton-Deutsch. Collection Corbis/LatinStock
Pesquisa
Daniel Gil
Victor Rosa
Preparação
Márcia Copola
Revisão
Valquíria Della Pozza
Jane Pessoa
Ana Maria Barbosa

Dados Internacionais de Catalogação na Publicação (CIP)
(Câmara Brasileira do Livro, SP, Brasil)

Moraes, Vinicius de, 1913-1980.
Novos poemas, Cinco elegias / Vinicius de Moraes. — 1ª ed. —
São Paulo : Companhia das Letras, 2012. — (Coleção Vinicius
de Moraes / coordenação editorial Eucanaã Ferraz)

ISBN 978-85-359-2033-8

1. Poesia brasileira I. Ferraz, Eucanaã. II. Título. III. Título: Cinco elegias, 1943. IV. Série.

12-03407 CDD-869.91

Índice para catálogo sistemático:
1. Poesia: Literatura brasileira 869.91

[2012]
Todos os direitos desta edição reservados à
EDITORA SCHWARCZ S.A.
Rua Bandeira Paulista, 702, cj. 32
04532-002 — São Paulo — SP
Telefone: [11] 3707 3500
Fax: [11] 3707 3501
www.companhiadasletras.com.br
www.blogdacompanhia.com.br

SUMÁRIO

NOVOS POEMAS 7

Ária para assovio 13
Amor nos três pavimentos 14
Soneto de intimidade 15
Viagem à sombra 16
O mágico 18
Balada feroz 21
Soneto à lua 24
Invocação à mulher única 25
Soneto de agosto 27
A máscara da noite 28
A mulher que passa 31
Vida e poesia 33
Soneto simples 34
Sonata do amor perdido 35
A brusca poesia da mulher amada 37
Soneto a Katherine Mansfield 38
O cemitério na madrugada 39
Princípio 42
Soneto de contrição 45
Idade Média 46
Solilóquio 47
Soneto de carta e mensagem 51
A vida vivida 52
Lamento ouvido não sei onde 54
Ternura 55
Soneto de devoção 56
Balada para Maria 57
Três retratos 59

Poema para todas as mulheres 61
Soneto de inspiração 62
O falso mendigo 63

CINCO ELEGIAS 65

Elegia quase uma ode 71
Elegia lírica 78
Elegia desesperada 84
Elegia ao primeiro amigo 92
A última elegia (v) 97

posfácio
Poeta de muitas técnicas,
por Eduardo Coelho 105

arquivo
Belo, forte, jovem,
por Mário de Andrade 123

cronologia 131

créditos das imagens 139

NOVOS POEMAS

Todos os ritmos sobretudo os inumeráveis.
Manuel Bandeira

Aos caríssimos amigos
Magu
e
José Claudio da Costa Ribeiro

ÁRIA PARA ASSOVIO

Inelutavelmente tu
Rosa sobre o passeio
Branca! e a melancolia
Na tarde do seio.

As cássias escorrem
Seu ouro a teus pés
Conheço o soneto
Porém tu quem és?

O madrigal se escreve:
Se é do teu costume
Deixa que eu te leve.

(Sê... mínima e breve
A música do perfume
Não guarda ciúme.)

Rio, 1936

AMOR NOS TRÊS PAVIMENTOS

Eu não sei tocar, mas se você pedir
Eu toco violino fagote trombone saxofone.
Eu não sei cantar, mas se você pedir
Dou um beijo na lua, bebo mel himeto
Pra cantar melhor.
Se você pedir eu mato o papa, eu tomo cicuta
Eu faço tudo que você quiser.

Você querendo, você me pede, um brinco, um namorado
Que eu te arranjo logo.
Você quer fazer verso? É tão simples!... você assina
Ninguém vai saber.
Se você me pedir, eu trabalho dobrado
Só pra te agradar.

Se você quisesse!... até na morte eu ia
Descobrir poesia.
Te recitava as "Pombas", tirava modinhas
Pra te adormecer.
Até um gurizinho, se você deixar
Eu dou pra você...

SONETO DE INTIMIDADE

Nas tardes de fazenda há muito azul demais.
Eu saio às vezes, sigo pelo pasto, agora
Mastigando um capim, o peito nu de fora
No pijama irreal de há três anos atrás.

Desço o rio no vau dos pequenos canais
Para ir beber na fonte a água fria e sonora
E se encontro no mato o rubro de uma amora
Vou cuspindo-lhe o sangue em torno dos currais.

Fico ali respirando o cheiro bom do estrume
Entre as vacas e os bois que me olham sem ciúme
E quando por acaso uma mijada ferve

Seguida de um olhar não sem malícia e verve
Nós todos, animais, sem comoção nenhuma
Mijamos em comum numa festa de espuma.

Campo Belo, 1937

VIAGEM À SOMBRA

Tua casa sozinha — lassidão dos devaneios, dos segredos. Frocos verdes de perfume sobre a malva penumbra (e a tua carne em pianíssimo, grande gata branca de fala moribunda) e o fumo branco da cidade inatingível, e o fumo branco, e a tua boca áspera, onde há dentes de inocência ainda.

És, de qualquer modo, a Mulher. Há teu ventre que se cobre, invisível, de odor marítimo dos brigues selvagens que eu não tive; há teus olhos mansos de louca, ó louca! e há tua face obscura, dolorosa, talhada na pedra que quis falar. Nos teus seios de juventude, o ruído misterioso dos duendes ordenhando o leite pálido da tristeza do desejo.

E na espera da música, o vaivém infantil dos gestos solenes de magia. Sim, é dança! — o colo que aflora oferecido é a melodiosa recusa das mãos, a anca que irrompe à carícia é o ungido pudor dos olhos, há um sorriso de infinita graça, também, frio sobre os lábios que se consomem. Ah! onde o mar e as trágicas aves da tempestade, para ser transportado, a face pousada sobre o abismo?

Que se abram as portas, que se abram as janelas e se afastem as coisas aos ventos. Se alguém me pôs nas mãos este chicote de aço, eu te castigarei, fêmea! — Vem, pousa-te aqui! Adormece tuas íris de ágata, dança! — teu corpo barroco em bolero e rumba. — Mais! — dança! dança! — canta, rouxinol! (Oh, tuas coxas são pântanos de cal viva, misteriosas como a carne dos batráquios…)

Tu que só és o balbucio, o voto, a súplica — oh mulher, anjo, cadáver da minha angústia! — sê minha! minha! minha! no ermo deste momento, no momento desta sombra, na sombra desta agonia — minha — minha — minha — oh mulher, garça mansa, resto orvalhado de nuvem...

Pudesse passar o tempo e tu restares horizontalmente, fraco animal, as pernas atiradas à dor da monstruosa gestação! Eu te fecundaria com um simples pensamento de amor, ai de mim!

Mas ficarás com o teu destino.

O MÁGICO

A Prudente de Moraes, neto

Diante do mágico a multidão boquiaberta se esquece. Não há mais lugar na Grande Praça: as ruas adjacentes se cobrem de uma negra onda humana. Em todas as casas a curiosidade do mistério abriu todas as janelas. A espantosa fachada da Catedral se apinha de garotos acrobatas que se penduram nos relevos como anjos. É talvez Paris do Terror, porque os velhos pardieiros como que se inclinam para o espetáculo incessante e na porta das hospedarias há velhas tabuletas pendentes, mas também pode ser uma vila alemã, onde as campainhas das lojas tilintam alegremente, ou mesmo o Rio do tempo dos Vice-Reis, com os seus Capitães-Mores traficando em suas redes e fitando duramente o artista.

O mágico está sobre o antigo pelourinho ou forca ou guilhotina por onde muitas gerações passaram.

As abas da sua casaca vão ao vento — é uma negra andorinha saltitante! As brancas mãos se misturam em ondulantes movimentos de dança.

É de tarde, hora do trabalho. Na primeira fila estão os senhores e na última os escravos do dever. Os senhores procuram adivinhar, os escravos procuram rir. O mágico se diverte com a multidão, a multidão se diverte com o mágico. Um filósofo e um dançarino perdidos confundem a multidão com o mágico e aguardam.

Todos se divertem à sua maneira.

*

Silêncio, o mágico fala, todos escutam! *"Ahora, presentaré el famoso entretenimiento de las palomas."* A dama oriental faz uma pirueta ágil e mostra ao público a cartola milagrosa. O mágico faz passes, cobre a cartola com um lenço vermelho de seda. *"Un dos y...!"* voam pombas brancas para o céu de safira. A multidão olha para cima, as mãos aparando o sol. O movimento prossegue. Toda a praça, toda a rua, toda a cidade olha para cima, o subúrbio olha para cima, os camponeses olham para cima. "O que estará para acontecer? Dizem que um tufão caminha do levante!" Acendem-se ícones nas isbás da estepe russa, fazem-se procissões em Portugal. O chefe guerreiro da tribo negra vê o sinal da guerra no céu, rugem os trocanos. O mágico joga a cartola para a multidão, que aplaude. O poeta apanha a cartola e recolhe nela o encantamento que se processou. As pombas invisíveis voltam, o poeta as contempla. Só elas são o Íntimo da Vida.

*

E o tufão cai de súbito, vindo do levante. Os garotos escorrem pelas colunas, formigam pelas escadarias, escondem-se nos nichos. O povo se escoa como uma água lodosa pelas portas das casas que abrem e fecham. A um gesto de *guignol* todas as janelas se retraem e após um minuto de rumor intenso desce uma eternidade de silêncio. Uma procelária passando em busca do mar só vê da cidade as suas torres acima do grande nevoeiro. Os rios rugem, as pontes desabam, nas sarjetas boiam cadáveres de crianças ciganas. O dilúvio leva a música do mágico, leva as pinturas do mágico, leva as bonecas do mágico, só não leva o mágico na torrente.

O poeta sobe ao palanque, castiga o mágico, possui a mulher do mágico, apresenta ao alto a cabeça e o coração, onde surgem e desaparecem pombas brancas e onde a realidade efêmera floresce no mistério perpétuo.

Mágico do inescrutável, o poeta aguarda o raio de Deus.

BALADA FEROZ

A Raimundo Lemos

Canta uma esperança desatinada para que se enfureçam
 [silenciosamente os cadáveres dos afogados
Canta para que grasne sarcasticamente o corvo que tens
 [pousado sobre a tua omoplata atlética
Canta como um louco enquanto os teus pés vão penetrando
 [a massa sequiosa de lesmas
Canta! para esse formoso pássaro azul que ainda uma vez
 [sujaria sobre o teu êxtase.

Arranca do mais fundo a tua pureza e lança-a sobre o corpo
 [felpudo das aranhas
Ri dos touros selvagens, carregando nos chifres virgens nuas
 [para o estupro nas montanhas
Pula sobre o leito cru dos sádicos, dos histéricos, dos
 [masturbados e dança!
Dança para a lua que está escorrendo lentamente pelo
 [ventre das menstruadas.

Lança o teu poema inocente sobre o rio venéreo engolindo
 [as cidades
Sobre os casebres onde os escorpiões se matam à visão dos
 [amores miseráveis
Deita a tua alma sobre a podridão das latrinas e das fossas
Por onde passou a miséria da condição dos escravos e dos gênios.

Dança, ó desvairado! Dança pelos campos aos rinchos
 [dolorosos das éguas parindo

Mergulha a algidez deste lago onde os nenúfares apodrecem
                [e onde a água floresce em miasmas
Fende o fundo viscoso e espreme com tuas fortes mãos
                [a carne flácida das medusas
E com teu sorriso inexcedível surge como um deus amarelo
                [da imunda pomada.

Amarra-te aos pés das garças e solta-as para que te levem
E quando a decomposição dos campos de guerra te ferir as
                [narinas, lança-te sobre a cidade mortuária
Cava a terra por entre as tumefações e se encontrares
                [um velho canhão soterrado, volta
E vem atirar sobre as borboletas cintilando cores que
                [comem as fezes verdes das estradas.

Salta como um fauno puro ou como um sapo de ouro por
                [entre os raios do sol frenético
Faz rugir com o teu calão o eco dos vales e das montanhas
Mija sobre o lugar dos mendigos nas escadarias sórdidas
                [dos templos
E escarra sobre todos os que se proclamarem miseráveis.

Canta! canta demais! Nada há como o amor para matar a vida
Amor que é bem o amor da inocência primeira!
Canta! — o coração da Donzela ficará queimando
                [eternamente a cinza morta
Para o horror dos monges, dos cortesãos, das prostitutas
                [e dos pederastas.

Transforma-te por um segundo num mosquito gigante
        [e passeia de noite sobre as grandes cidades
Espalhando o terror por onde quer que pousem tuas antenas
                                      [impalpáveis
Suga aos cínicos o cinismo, aos covardes o medo, aos avaros
                                          [o ouro
E para que apodreçam como porcos, injeta-os de pureza!

E com todo esse pus, faz um poema puro
E deixa-o ir, armado cavaleiro, pela vida
E ri e canta dos que pasmados o abrigarem
E dos que por medo dele te derem em troca a mulher e o pão.

Canta! canta, porque cantar é a missão do poeta
E dança, porque dançar é o destino da pureza
Faz para os cemitérios e para os lares o teu grande gesto obsceno
Carne morta ou carne viva — toma! Agora falo eu que sou um!

SONETO À LUA

Por que tens, por que tens olhos escuros
E mãos lânguidas, loucas e sem fim
Quem és, que és tu, não eu, e estás em mim
Impuro, como o bem que está nos puros?

Que paixão fez-te os lábios tão maduros
Num rosto como o teu criança assim
Quem te criou tão boa para o ruim
E tão fatal para os meus versos duros?

Fugaz, com que direito tens-me presa
A alma que por ti soluça nua
E não és Tatiana e nem Teresa:

E és tampouco a mulher que anda na rua
Vagabunda, patética, indefesa
Ó minha branca e pequenina lua!

Rio, 1938

INVOCAÇÃO À MULHER ÚNICA

Tu, pássaro — mulher de leite! Tu que carregas as lívidas
           [glândulas do amor acima do sexo infinito
Tu, que perpetuas o desespero humano — alma desolada
           [da noite sobre o frio das águas — tu
Tédio escuro, mal da vida — fonte! jamais... jamais...
           [(que o poema receba as minhas lágrimas!...)
Dei-te um mistério: um ídolo, uma catedral, uma prece são
[menos reais que três partes sangrentas do meu coração em
                                            [martírio
E hoje meu corpo nu estilhaça os espelhos e o mal está
                    [em mim e a minha carne é aguda
E eu trago crucificadas mil mulheres cuja santidade
           [dependeria apenas de um gesto teu sobre
                    [o espaço em harmonia.
Pobre eu! sinto-me tão tu mesma, meu belo cisne, minha
                    [bela, bela garça, fêmea
Feita de diamantes e cuja postura lembra um templo
       [adormecido numa velha madrugada de lua...
A minha ascendência de heróis: assassinos, ladrões,
       [estupradores, onanistas — negações do bem:
                    [o Antigo Testamento!
                    [— a minha descendência
De poetas: puros, selvagens, líricos, inocentes: o Novo
           [Testamento — afirmações do bem: dúvida
(Dúvida mais fácil que a fé, mais transigente que
       [a esperança, mais oportuna que a caridade
Dúvida, madrasta do gênio) — tudo, tudo se esboroa ante a
[visão do teu ventre púbere, alma do Pai, coração do Filho,
                    [carne do Santo Espírito, amém!

Tu, criança! cujo olhar faz crescer os brotos dos sulcos
              [da terra — perpetuação do êxtase
Criatura, mais que nenhuma outra, porque nasceste fecundada
              [pelos astros — mulher! tu que deitas o teu sangue
Quando os lobos uivam e as sereias desacordadas se
              [amontoam pelas praias — mulher!
Mulher que eu amo, criança que amo, ser ignorado, essência
              [perdida num ar de inverno.
Não me deixes morrer!... eu, homem — fruto da terra —
              [eu, homem — fruto da carne
Eu que carrego o peso da tara e me rejubilo, eu que carrego
              [os sinos do sêmen que se rejubilam à carne
Eu que sou um grito perdido no primeiro vazio à procura de
              [um Deus que é o vazio ele mesmo!
Não me deixes partir... — as viagens remontam à vida!... e por
  [que eu partiria se és a vida, se há em ti a viagem muito pura
A viagem do amor que não volta, a que me faz sonhar
              [do mais fundo da minha poesia
Com uma grande extensão de corpo e alma — uma montanha
       [imensa e desdobrada — por onde eu iria caminhando
Até o âmago e iria e beberia da fonte mais doce e me
  [enlangueceria e dormiria eternamente como uma
                      [múmia egípcia
No invólucro da Natureza que és tu mesma, coberto da tua
 [pele que é a minha própria — oh mulher, espécie adorável da
                          [poesia eterna!

SONETO DE AGOSTO

Tu me levaste, eu fui... Na treva, ousados
Amamos, vagamente surpreendidos
Pelo ardor com que estávamos unidos
Nós que andávamos sempre separados.

Espantei-me, confesso-te, dos brados
Com que enchi teus patéticos ouvidos
E achei rude o calor dos teus gemidos
Eu que sempre os julgara desolados.

Só assim arrancara a linha inútil
Da tua eterna túnica inconsútil...
E para a glória do teu ser mais franco

Quisera que te vissem como eu via
Depois, à luz da lâmpada macia
O púbis negro sobre o corpo branco.

Oxford, 1938

A MÁSCARA DA NOITE

A Mário de Andrade

Sim, essa tarde conhece todos os meus pensamentos
Todos os meus segredos e todos os meus patéticos anseios
Sob esse céu como uma visão azul de incenso
As estrelas são perfumes passados que me chegam...

Sim! essa tarde que eu não conheço é uma mulher que
                                          [me chama
E eis que é uma cidade apenas, uma cidade dourada de astros
Aves, folhas silenciosas, sons perdidos em cores
Nuvens como velas abertas para o tempo...

Não sei, toda essa evocação perdida, toda essa música
                                            [perdida
É como um pressentimento de inocência, como um apelo...
Mas para que buscar se a forma ficou no gesto esvanecida
E se a poesia ficou dormindo nos braços de outrora...

Como saber se é tarde, se haverá manhã para o crepúsculo
Nesse entorpecimento, neste filtro mágico de lágrimas?
Orvalho, orvalho! desce sobre os meus olhos, sobre o meu sexo
Faz-se surgir diamante dentro do sol!

Lembro-me!... como se fosse a hora da memória
Outras tardes, outras janelas, outras criaturas na alma
O olhar abandonado de um lago e o frêmito de um vento
Seios crescendo para o poente como salmos...

Oh, a doce tarde! Sobre mares de gelo ardentes de revérbero
Vagam placidamente navios fantásticos de prata
E em grandes castelos cor de ouro, anjos azuis serenos
Tangem sinos de cristal que vibram na imensa transparência!

Eu sinto que essa tarde está me vendo, que essa serenidade
                                        [está me vendo
Que o momento da criação está me vendo neste instante
                     [doloroso de sossego em mim mesmo
Oh criação que estás me vendo, surge e beija-me os olhos
Afaga-me os cabelos, canta uma canção para eu dormir!

És bem tu, máscara da noite, com tua carne rósea
Com teus longos xales campestres e com teus cânticos
És bem tu! ouço teus faunos pontilhando as águas de sons
                                           [de flautas
Em longas escalas cromáticas fragrantes…

Ah, meu verso tem palpitações dulcíssimas! — primaveras!
Sonhos bucólicos nunca sonhados pelo desespero
Visões de rios plácidos e matas adormecidas
Sobre o panorama crucificado e monstruoso dos telhados!

Por que vens, noite? por que não adormeces o teu crepe
Por que não te esvais — espectro — nesse perfume tenro
                                           [de rosas?
Deixa que a tarde envolva eternamente a face dos deuses
Noite, dolorosa noite, misteriosa noite!

Oh tarde, máscara da noite, tu és a presciência
Só tu conheces e acolhes todos os meus pensamentos
O teu céu, a tua luz, a tua calma
São a palavra da morte e do sonho em mim!

A MULHER QUE PASSA

A Pedro Nava

Meu Deus, eu quero a mulher que passa.
Seu dorso frio é um campo de lírios
Tem sete cores nos seus cabelos
Sete esperanças na boca fresca!

Oh! como és linda, mulher que passas
Que me sacias e suplicias
Dentro das noites, dentro dos dias!

Teus sentimentos são poesia
Teus sofrimentos, melancolia.
Teus pelos leves são relva boa
Fresca e macia.
Teus belos braços são cisnes mansos
Longe das vozes da ventania.

Meu Deus, eu quero a mulher que passa!

Como te adoro, mulher que passas
Que vens e passas, que me sacias
Dentro das noites, dentro dos dias!
Por que me faltas, se te procuro?
Por que me odeias quando te juro
Que te perdia se me encontravas
E me encontrava se te perdias?

Por que não voltas, mulher que passas?
Por que não enches a minha vida?
Por que não voltas, mulher querida
Sempre perdida, nunca encontrada?
Por que não voltas à minha vida?
Para o que sofro não ser desgraça?

Meu Deus, eu quero a mulher que passa!
Eu quero-a agora, sem mais demora
A minha amada mulher que passa!

No santo nome do teu martírio
Do teu martírio que nunca cessa
Meu Deus, eu quero, quero depressa
A minha amada mulher que passa!

Que fica e passa, que pacifica
Que é tanto pura como devassa
Que boia leve como a cortiça
E tem raízes como a fumaça.

VIDA E POESIA

A Antero Wanderley

A lua projetava o seu perfil azul
Sobre os velhos arabescos das flores calmas
A pequena varanda era como o ninho futuro
E as ramadas escorriam gotas que não havia.
Na rua ignorada anjos brincavam de roda...
— Ninguém sabia, mas nós estávamos ali.
Só os perfumes teciam a renda da tristeza
Porque as corolas eram alegres como frutos
E uma inocente pintura brotava do desenho das cores.
Eu me pus a sonhar o poema da hora.
E, talvez ao olhar meu rosto exasperado
Pela ânsia de te ter tão vagamente amiga
Talvez ao pressentir na carne misteriosa
A germinação estranha do meu indizível apelo
Ouvi bruscamente a claridade do teu riso
Num gorjeio de gorgulhos de água enluarada.
E ele era tão belo, tão mais belo do que a noite
Tão mais doce que o mel dourado dos teus olhos
Que ao vê-lo trilar sobre os teus dentes como um címbalo
E se escorrer sobre os teus lábios como um suco
E marulhar entre os teus seios como uma onda
Eu chorei docemente na concha de minhas mãos vazias
De que me tivesses possuído antes do amor.

SONETO SIMPLES

Chegara enfim o mesmo que partira: a porta aberta e o coração voando ao encontro dos olhos e das mãos. Velhos pássaros, velhas criaturas, algumas cinzas plácidas passando — somente a amiga é como o melro branco!

E enfim partira o mesmo que chegara; o horizonte transpondo o pensamento e nas auroras plácidas passando o doce perfil da amiga adormecida. Desejo de morrer de nostalgia na noite dos vales tristes e perdidos... (foi quando desceu do céu a poesia como um grito de luz nos meus ouvidos...)

SONATA DO AMOR PERDIDO

LAMENTO Nº 1

Onde estão os teus olhos — onde estão? — Oh — milagre
[de amor que escorres dos meus olhos!
Na água iluminada dos rios da lua eu os vi descendo
[e passando e fugindo
Iam como as estrelas da manhã. Vem, eu quero os teus
[olhos, meu amor!
A vida... sombras que vão e sombras que vêm vindo
O tempo... sombras de perto e sombras na distância —
[vem, o tempo quer a vida!
Onde ocultar minha dor se os teus olhos estão dormindo?

Onde está tua face? Eu a senti pousada sobre a aurora
Teu brando cortinado ao vento leve era como asas fremindo
Teu sopro tênue era como um pedido de silêncio — oh,
[a tua face iluminada!
Em mim, mãos se amargurando, olhos no céu olhando,
[ouvidos no ar ouvindo
Na minha face o orvalho da madrugada atroz, na minha
[boca o orvalho do teu nome!
Vem... Os velhos lírios estão fanando, os lírios novos estão
[florindo...

INTERMÉDIO

Sob o céu de maio as flores têm sede da luz das estrelas
Os róseos gineceus se abrem na sombra para a fecundação
[maravilhosa...
Lua, ó branca Safo, estanca o perfume dos corpos desfolhados
[na alvorada
Para que surja a ausente e sinta a música escorrendo do ar!

Vento, ó branco eunuco, traz o pólen sagrado do amor das
[virgens
Para que acorde a adormecida e ouça a minha voz...

LAMENTO Nº 2

Teu corpo sobre a úmida relva de esmeralda, junto
[às acácias amarelas
Estavas triste e ausente — mas dos teus seios ia o sol
[se levantando
Oh, os teus seios desabrochados e palpitantes como pássaros
[amorosos
E a tua garganta agoniada e teu olhar nas lágrimas boiando!
Oh, a pureza que se abraçou às tuas formas como um anjo
E sobre os teus lábios e sobre os teus olhos está cantando!
Tu não virás jamais! Teus braços como asas frágeis roçaram
[o espaço sossegado
Na poeira de ouro teus dedos se agitam, fremindo, correndo,
[dançando...
Vais... teus cabelos desvencilhados rolam em onda sobre
[a tua nudez perfeita
E toda te incendeias no facho da alma que está queimando...
Oh, beijemos a terra e sigamos a estrela que vai do fogo
[nascer no céu parado
É a Música, é a Música que vibra e está chamando!

A BRUSCA POESIA DA MULHER AMADA

A Murilo Mendes

Longe dos pescadores os rios infindáveis vão morrendo
                         [de sede lentamente...
Eles foram vistos caminhando de noite para o amor — oh,
                    [a mulher amada é como a fonte!

A mulher amada é como o pensamento do filósofo sofrendo
A mulher amada é como o lago dormindo no cerro perdido
Mas quem é essa misteriosa que é como um círio crepitando
                                              [no peito?
Essa que tem olhos, lábios e dedos dentro da forma inexistente?

Pelo trigo a nascer nas campinas de sol a terra amorosa
                    [elevou a face pálida dos lírios
E os lavradores foram se mudando em príncipes de mãos
                      [finas e rostos transfigurados...

Oh, a mulher amada é como a onda sozinha correndo
                              [distante das praias
Pousada no fundo estará a estrela, e mais além.

SONETO A KATHERINE MANSFIELD

A Augusto Frederico Schmidt

O teu perfume, amada — em tuas cartas
Renasce, azul... — são tuas mãos sentidas!
Relembro-as brancas, leves, fenecidas
Pendendo ao longo de corolas fartas.

Relembro-as, vou... nas terras percorridas
Torno a aspirá-lo, aqui e ali desperto
Paro; e tão perto sinto-te, tão perto
Como se numa foram duas vidas.

Pranto, tão pouca dor! tanto quisera
Tanto rever-te, tanto!... e a primavera
Vem já tão próxima!... (Nunca te apartas

Primavera, dos sonhos e das preces!)
E no perfume preso em tuas cartas
À primavera surges e esvaneces.

Rio, 1937

O CEMITÉRIO NA MADRUGADA*

A Edmundo da Luz Pinto

Às cinco da manhã a angústia se veste de branco
E fica como louca, sentada, espiando o mar...
É a hora em que se acende o fogo-fátuo da madrugada
Sobre os mármores frios, frios e frios do cemitério
E em que, embaladas pela harpa cariciosa das pescarias
Dormem todas as crianças do mundo.

Às cinco da manhã a angústia se veste de branco
Tudo repousa... e sem treva, morrem as últimas sombras...
É a hora em que, libertados do horror da noite escura
Acordam os grandes anjos da guarda dos jazigos
E os mais serenos cristos se desenlaçam dos madeiros
Para lavar o rosto pálido na névoa.

Às cinco da manhã... — tão tarde soube — não fora ainda
                                        [uma visão
Não fora ainda o medo da morte em minha carne!
Viera de longe... de corpo lívido de amante
Do mistério fúnebre de um êxtase esquecido
Tinha-me perdido na cerração, tinha-me talvez perdido
Na escuta de asas invisíveis em torno...

*Na primeira edição de sua *Antologia poética* (Rio de Janeiro: Editora A Noite, 1954), Vinicius registra, na "Advertência", que o poema "O cemitério na madrugada" foi reduzido às quatro estrofes iniciais, atendendo "a uma velha ideia de seu amigo Rodrigo M. F. de Andrade". No entanto, quando da publicação da *Obra poética* (Rio de Janeiro: Companhia José Aguilar Editora, 1968), o poema voltou à sua forma original. (N. E.)

Mas ah, ela veio até mim, a pálida cidade dos poemas
Eu a vi assim gelada e hirta, na neblina!
Oh, não eras tu, mulher sonâmbula, tu que eu deixei
Banhada do orvalho estéril da minha agonia
Teus seios eram túmulos também, teu ventre era uma urna fria
Mas não havia paz em ti!

Lá tudo é sereno... Lá toda a tristeza se cobre de linho
Lá tudo é manso, manso como um corpo morto de mãe
                                                            [prematura
Lá brincam os serafins e as flores, bimbalham os sinos
Em melodias tão alvas que nem se ouvem...
Lá gozam miríades de vermes, que às brisas matutinas
Voam em povos de borboletas multicolores...

Escuto-me falar sem receio; esqueço o amanhã distante
O vento traz perfumes inconfessáveis dos pinheiros...
Um dia morrerão todos, morrerão as amadas
E eu ficarei sozinho, para a hora dos cânticos exangues
Hei de colar meu ouvido impaciente às tumbas amigas
E ouvir meu coração batendo.

Tu trazes alegria à vida, ó Morte, deusa humílima!
A cada gesto meu riscas uma sombra errante na terra
Sobre o teu corpo em túnica, vi a farândola das rosas e dos
                                                                                 [lírios
E a procissão solene das virgens e das madalenas
Em tuas maminhas púberes vi mamarem ratos brancos
Que brotavam como flores dos cadáveres contentes.

Que pudor te toma agora, poeta, lírico ardente
Que desespero em ti diz da irrealidade das manhãs?
A Morte vive em teu ser... — não, não é uma visão de bruma
Não é o despertar angustiado após o martírio do amor
É a Poesia... — e tu, homem simples; és um fantástico arquiteto
Ergues a beleza da morte em ti!

Oh, cemitério da madrugada, por que és tão alegre
Por que não gemem ciprestes nos teus túmulos?
Por que te perfumas tanto em teus jasmins
E tão docemente cantas em teus pássaros?
És tu que me chamas, ou sou eu que vou a ti
Criança, brincar também pelos teus parques?

Por ti, fui triste; hoje, sou alegre por ti, ó morte amiga
Do teu espectro familiar vi se erguer a única estrela do céu
Meu silêncio é o teu silêncio — ele não traz angústia
É assim como a ave perdida no meio do mar. . . . .
. . . .
Serenidade, leva-me! guarda-me no seio de uma madrugada
                                                                         [eterna!

PRINCÍPIO

A Rosita e Thiers Martins Moreira

Na praia sangrenta a gelatina verde das algas — horizontes!
Os olhos do afogado à tona e o sexo no fundo (a contemplação
                    [na desagregação da forma...)
O mar... A música que sobe ao espírito, a poesia do mar,
          [a cantata soturna dos três movimentos
O mar! (Não a superfície calma, mas o abismo povoado
                  [de peixes fantásticos e sábios...)

É o navio grego, é o navio grego desaparecido nas floras
       [submarinas — Deus balança por um fio invisível a
          [ossada do timoneiro sob o grande mastro
São as medusas, são as medusas dançando a dança erótica
          [dos mucos vermelhos se abrindo ao beijo das águas
É a carne que o amor não mais ilumina, é o rito que o fervor
                            [não mais acende
É o amor um molusco gigantesco vagando pela revelação das
                              [luzes árticas.

O que se encontrará no abismo mesmo de sabedoria
                [e de compreensão infinita
Ó pobre narciso nu que te deixaste ficar sobre a certeza
                        [de tua plenitude?
Nos peixes que da própria substância acendem o espesso
                   [líquido que vão atravessando
Terás conhecido a verdadeira luz da miséria humana que
                        [quer se ultrapassar.

É preciso morrer, a face repousada contra a água como um
                                 [grande nenúfar partido
Na espera da decomposição que virá para os olhos cegos
                                 [de tanta serenidade
Na visão do amor que estenderá as suas antenas altas
                                 [e fosforescentes
Todo o teu corpo há de deliquescer e mergulhar como
                                 [um destroço ao apelo do fundo.

Será a viagem e a destinação. Há correntes que te levarão
                                 [insensivelmente e sem dor para cavernas de coral
Lá conhecerás os segredos da vida misteriosa dos peixes
                                 [eternos
Verás crescerem olhos ardentes do volume glauco que
                                 [te incendiarão de pureza
E assistirás a seres distantes que se fecundam à simples
                                 [emoção do amor.

Encontrar, eis o destino. Aves brancas que desceis aos lagos
                                 [e fugis! Oh, a covardia das vossas asas!
É preciso ir e se perder no elemento de onde surge
                                 [a vida.
Mais vale a árvore da fonte que a árvore do rio plantada
                                 [segundo a corrente e que dá seus frutos a seu tempo...
Deixai morrer o desespero nas sombras da ideia de que
                                 [o amor pode não vir.

Na praia sangrenta a velha embarcação negra e desfeita —
                                 [o mar a lançou talvez na tempestade!
Eu — e casebres de pescadores eternamente ausentes...

O mar! o vento tangendo as águas e cantando, cantando,
                                            [cantando
Na praia sangrenta entre brancas espumas e horizontes...

SONETO DE CONTRIÇÃO

Eu te amo, Maria, eu te amo tanto
Que o meu peito me dói como em doença
E quanto mais me seja a dor intensa
Mais cresce na minha alma teu encanto.

Como a criança que vagueia o canto
Ante o mistério da amplidão suspensa
Meu coração é um vago de acalanto
Berçando versos de saudade imensa.

Não é maior o coração que a alma
Nem melhor a presença que a saudade
Só te amar é divino, e sentir calma...

E é uma calma tão feita de humildade
Que tão mais te soubesse pertencida
Menos seria eterno em tua vida.

Rio, 1938

IDADE MÉDIA

Faze com que tua boca seja para mim água e não vinho
E faze com que para mim teus seios sejam peras e não cidras...

Algum dia no teu ventre que eu vejo se estender como uma
                           [branca terra fecunda em lírios
Deixarei a semente de gigantes arianos que atravessarão
                              [silenciosamente o Volga
E que as cabeleiras de seda voando, as lanças de ouro
            [voando, cavalgarão doidamente contra a lua...

SOLILÓQUIO

Talvez os imensos limites da pátria me lembrem os puros
E amargue em meu coração a descrença.
Sinto-me tão cansado de sofrer, tão cansado! — algum dia,
[em alguma parte
Hei de lançar também as âncoras das promessas
Mas no meu coração intranquilo não há senão fome e sede
De lembranças inexistentes.

O que resta da grande paisagem de pensamentos vividos
Dize, minha alma, senão o vazio?
São verdades as lágrimas, os estremecimentos, os tédios longos
As caminhadas infinitas no oco da eterna voz que te obriga?
E no entanto o que crê em ti não tem o teu amor aprisionado
Escravo de fruições efêmeras...

Ah, será para sempre assim... o beijo pouco do tempo
Na face presa da eternidade
E em todos os momentos a sensação pobre de estar vivendo
E ter em si somente o que não pode ser vivido
E em todos os momentos a beleza, e apenas
Num só momento a prece...

Nunca me sorrirão vozes infantis no corpo, e quem sabe por
[tê-las
Muito ardentemente desejado...
Talvez os limites da pátria me lembrem os puros e enlouqueça
Em mim o que não foi da carne conquistado.
Muitas vezes hei de me dizer que não sou senão juventude
No seio do pântano triste.

Quero-te, porém, vida, súplica! o medo de mim mesmo
Não há na minha saudade.
É que dói não viver em amor e em renúncia
Quando o amor e a renúncia são terras dentro de mim
E uma vez mais me deitarei no frio, guia de luz perdido
Sem mistérios e sem sombra.

Bem viram os que temeram a minha angústia e as que
                                          [se disseram:
— Ele perdeu-se no mar!
No mar estou perdido, sem céu e sem terra e sem sede de água
E nada senão minha carne resiste aos apelos do ermo...
O que restará de ti, homem triste, que não seja a tua tristeza
Fruto sobre a terra morta...

Não pensar, talvez... Caminhar ciliciando a carne
Sobre o corpo macerado da vida
Ser um milhão na mesma cidade desabitada
E sendo apenas um, ir acordando o amor e a angústia
E da inquietação vinda e multiplicada, arrancar um riso sem
                                                [força
Sobre as paisagens inúteis.

Mas, oh, saber... — saber até o fundo do conhecimento
Sobre as aves e os lírios!
Saber a pureza bailando no pensamento como um gênio
                                              [perfeito
E na alma os cantos límpidos e os voos de uma poesia!
E nada poder, nada, senão ir e vir como a sombra do condenado
Pelo silêncio em escuta...

E não sou um covarde... — sofro pelas manhãs e pelas tardes
E pelas noites desvaneço...
No entanto, é covarde que me sinto no olhar dos que me amam
E no prazer que arranco cem vezes da carne ou do espírito
                                                      [que quero
Ai de mim, tão grande, tão pequeno... — e quando o digo
                                                      [intimamente!
E em ambos, sem pânico...

E me pergunto: Serei vazio de amor como os ciprestes
No seio da ventania?
Serei vazio de serenidade como as águas no seio do abismo
Ou como as parasitas no seio da mata serei vazio de humildade?
Ou serei o amor eu mesmo e a calma e a humildade eu mesmo
No seio do infinito vazio?

E me pergunto: O que é o perigo, onde a sua fascinação
                                                [profunda
E o gosto ardente de morrer?
Não é a morte o meu voto murmurante
Que caminha comigo pelas estradas e adormece no meu leito?
O que é morrer senão viver placidamente
Na imutável espera?

Nada respondo — nada responde o desespero
Solidão sem desvario.
Mas resta, resta a ânsia das palavras murmuradas ao vento
E a emoção das visões vividas no seu melhor momento
Resta a posse longínqua e em eterna lembrança
Da imagem única.

Resta?... Já me disse blasfêmias no âmago do prazer sentido
Sobre o corpo nu da mulher
Já arranquei de mim mesmo o sumo da sabedoria
Para fazê-lo vibrar dolorosamente à minha vontade
E no entanto... posso me glorificar de ter sido forte
Contra o que sempre foi?

Hão de ir todos, todos, para as celebrações e para os ritos
Ficarei em casa, sem lar
Hei de ouvir as vozes dos amantes que não se entediam
E dos amigos que não se amam e não lutam
As portas abertas, à espera dos passos do retardatário
Não receberei ninguém.

Talvez nos imensos limites da pátria estejam os puros
E apenas em mim o ilimitado...
Mas oh, cerrar os olhos, dormir, dormir longe de tudo
Longe mesmo do amor longe de mim!
E enquanto se vão todos, heroicos, santos, sem mentira
                                        [ou sem verdade
Ficar, sem perseverança...

SONETO DE CARTA E MENSAGEM

"Sim, depois de tanto tempo volto a ti
Sinto-me exausta e sou mulher e te amo
Dentro de mim há frutos, há aves, há tempestades
E apenas em ti há espaço para as consolações.

"Sim, meus seios vazios me mortificam — e nas noites
Eles têm ânsias de semente que sente germinar seu broto
Ah, meu amado! é sobre ti que eu me debruço
E é como se me debruçasse sobre o infinito!

"Pesa-me, no entanto, o medo de que me tenhas esquecido
Ai de mim! que farei sem o meu homem, sem o meu esposo
Que rios não me levarão de esterilidade e de tristeza?

"Mulher, para onde caminharei senão para a sombra
Se tu, oh meu companheiro, não me fecundares
E não esparzires do teu grão a terra pálida dos lírios?..."

A VIDA VIVIDA

Quem sou eu senão um grande sonho obscuro em face
                                          [do Sonho
Senão uma grande angústia obscura em face da Angústia
Quem sou eu senão a imponderável árvore dentro da noite
                                          [imóvel
E cujas presas remontam ao mais triste fundo da terra?

De que venho senão da eterna caminhada de uma sombra
Que se destrói à presença das fortes claridades
Mas em cujo rastro indelével repousa a face do mistério
E cuja forma é prodigiosa treva informe?

Que destino é o meu senão o de assistir ao meu Destino
Rio que sou em busca do mar que me apavora
Alma que sou clamando o desfalecimento
Carne que sou no âmago inútil da prece?

O que é a mulher em mim senão o Túmulo
O branco marco da minha rota peregrina
Aquela em cujos braços vou caminhando para a morte
Mas em cujos braços somente tenho vida?

O que é o meu amor, ai de mim! senão a luz impassível
Senão a estrela parada num oceano de melancolia
O que me diz ele senão que é vã toda a palavra
Que não repousa no seio trágico do abismo?

O que é o meu Amor? senão o meu desejo iluminado
O meu infinito desejo de ser o que sou acima de mim mesmo
O meu eterno partir da minha vontade enorme de ficar

Peregrino, peregrino de um instante, peregrino de todos os
[instantes?

A quem respondo senão a ecos, a soluços, a lamentos
De vozes que morrem no fundo do meu prazer ou do meu tédio
A quem falo senão a multidões de símbolos errantes
Cuja tragédia efêmera nenhum espírito imagina?

Qual é o meu ideal senão fazer do céu poderoso a Língua
Da nuvem a Palavra imortal cheia de segredo
E do fundo do inferno delirantemente proclamá-los
Em Poesia que se derrame como sol ou como chuva?

O que é o meu ideal senão o Supremo Impossível
Aquele que é, só ele, o meu cuidado e o meu anelo
O que é ele em mim senão o meu desejo de encontrá-lo
E o encontrando, o meu medo de não o reconhecer?

O que sou eu senão ele, o Deus em sofrimento
O temor imperceptível na voz portentosa do vento
O bater invisível de um coração no descampado...
O que sou eu senão Eu Mesmo em face de mim?

LAMENTO OUVIDO NÃO SEI ONDE

Minha mãe, toma cuidado
Não zanga assim com meu pai
Um dia ele vai-se embora
E não volta nunca mais.

O mau filho à casa torna
Mãe... nem carece tornar
Mas pai que larga a família
Pra que desgraça não vai!

TERNURA

Eu te peço perdão por te amar de repente
Embora o meu amor seja uma velha canção nos teus ouvidos
Das horas que passei à sombra dos teus gestos
Bebendo em tua boca o perfume dos sorrisos
Das noites que vivi acalentado
Pela graça indizível dos teus passos eternamente fugindo
Trago a doçura dos que aceitam melancolicamente.
E posso te dizer que o grande afeto que te deixo
Não traz o exaspero das lágrimas nem a fascinação das
                                           [promessas
Nem as misteriosas palavras dos véus da alma...
É um sossego, uma unção, um transbordamento de carícias
E só te pede que te repouses quieta, muito quieta
E deixes que as mãos cálidas da noite encontrem sem
                 [fatalidade o olhar extático da aurora.

SONETO DE DEVOÇÃO

Essa mulher que se arremessa, fria
E lúbrica aos meus braços, e nos seios
Me arrebata e me beija e balbucia
Versos, votos de amor e nomes feios.

Essa mulher, flor de melancolia
Que se ri dos meus pálidos receios
A única entre todas a quem dei
Os carinhos que nunca a outra daria.

Essa mulher que a cada amor proclama
A miséria e a grandeza de quem ama
E guarda a marca dos meus dentes nela.

Essa mulher é um mundo! — uma cadela
Talvez... — mas na moldura de uma cama
Nunca mulher nenhuma foi tão bela!

BALADA PARA MARIA

Não sei o que me angustia
Tardiamente; em meu peito
Vive dormindo perfeito
O sono desta agonia...
Saudades tuas, Maria?
Na volúpia de uma flora
Úmida, pecaminosa
Nasceu a primeira rosa
Fria...

Perdi o prazer da hora.

Mas se num momento cresce
O sangue, e me engrossa a veia
Maria, que coisa feia!
Todo o meu corpo estremece...
E dos colmos altos, ricos
Em resinas odorantes
Pressinto o coito dos micos
E o amor das cobras possantes.

No mundo há tantos amantes...

Maria...
Cantar-te-ei brasileiro:
Maria, sou teu escravo!
A rosa é a mulher do cravo...
Dá-me o beijo derradeiro?
— Cobrir-te-ei da pomada
Do pólen das flores puras

E te fecundarei deitada
Num chão de frutas maduras
Maria... e morangos, quantos!
E tu que adoras morango!
Dormirás sobre agapantos...
— Fingirei de orangotango!

Não queres mesmo, Maria?

No lombo morno dos gatos
Aprendi muita carícia...
Para fazer-te a delícia
Só terei gestos exatos.

E não bastasse, Maria...

E morro nessas montanhas
Entre as imagens castanhas
Da tua melancolia...

TRÊS RETRATOS

I
JOYA

Joya, alegria da vida!
Joya entra, Joya brinca
Parola no telefone.
Joya, esses teus olhos são
Dois lagos de perfeição.

Joya dizendo nome feio
Joya falando inteligente
Joya fria? Joya quente?
(*Inferiority complex.*)
Joya, alegria da vida!

Joya beija inefavelmente.

II
MAJA RAQUEL

Pero, não és de Argentina
Muñeca de Barcelona?
Quem te deu pernas tão lindas
Peregrina, marafona?
Que Goya te fez, divina
tan cruda e calina, dona?

Nostalgias, de escuchar tu risa loca...

III
MILADY

Tu étais si folle, chère, que nous avons joué la physique expérimentale, l'algèbre supérieur et la géométrie analytique, et tu avais trois amours d'enfants et moi force d'une angine de gorge qui me tuait.

Ta Hudson portait d'affreuses trâces de nos amours.

POEMA PARA TODAS AS MULHERES

No teu branco seio eu choro.
Minhas lágrimas descem pelo teu ventre
E se embebedam do perfume do teu sexo.
Mulher, que máquina és, que só me tens desesperado
Confuso, criança para te conter!
Oh, não feches os teus braços sobre a minha tristeza, não!
Ah, não abandones a tua boca à minha inocência, não!
Homem sou belo
Macho sou forte, poeta sou altíssimo
E só a pureza me ama e ela é em mim uma cidade e tem mil
                                                 [e uma portas.
Ai! Teus cabelos recendem à flor da murta
Melhor seria morrer ou ver-te morta
E nunca, nunca poder te tocar!
Mas, fauno, sinto o vento do mar roçar-me os braços
Anjo, sinto o calor do vento nas espumas
Passarinho, sinto o ninho nos teus pelos...
Correi, correi, ó lágrimas saudosas
Afogai-me, tirai-me deste tempo
Levai-me para o campo das estrelas
Entregai-me depressa à lua cheia
Dai-me o poder vagaroso do soneto, dai-me a iluminação das
                        [odes, dai-me o cântico dos cânticos
Que eu não posso mais, ai!
Que esta mulher me devora!
Que eu quero fugir, quero a minha mãezinha, quero o colo
                                                  [de Nossa Senhora!

SONETO DE INSPIRAÇÃO

Não te amo como uma criança, nem
Como um homem e nem como um mendigo
Amo-te como se ama todo o bem
Que o grande mal da vida traz consigo.

Não é nem pela calma que me vem
De amar, nem pela glória do perigo
Que me vem de te amar, que te amo; digo
Antes que por te amar não sou ninguém.

Amo-te pelo que és, pequena e doce
Pela infinita inércia que me trouxe
A culpa é de te amar — soubesse eu ver

Através da tua carne defendida
Que sou triste demais para esta vida
E que és pura demais para sofrer.

O FALSO MENDIGO

Minha mãe, manda comprar um quilo de papel almaço
                                              [na venda
Quero fazer uma poesia.
Diz a Amélia para preparar um refresco bem gelado
E me trazer muito devagarinho.
Não corram, não falem, fechem todas as portas à chave
Quero fazer uma poesia.
Se me telefonarem, só estou para Maria
Se for o Ministro, só recebo amanhã
Se for um trote, me chama depressa
Tenho um tédio enorme da vida.
Diz a Amélia para procurar a Patética no rádio
Se houver um grande desastre vem logo contar
Se o aneurisma de dona Ângela arrebentar, me avisa
Tenho um tédio enorme da vida.
Liga para vovó Neném, pede a ela uma ideia bem inocente
Quero fazer uma grande poesia.
Quando meu pai chegar tragam-me logo os jornais da tarde
Se eu dormir, pelo amor de Deus, me acordem
Não quero perder nada na vida.
Fizeram bicos de rouxinol para o meu jantar?
Puseram no lugar meu cachimbo e meus poetas?
Tenho um tédio enorme da vida.
Minha mãe, estou com vontade de chorar
Estou com taquicardia, me dá um remédio
Não, antes me deixa morrer, quero morrer, a vida
Já não me diz mais nada
Tenho horror da vida, quero fazer a maior poesia do mundo
Quero morrer imediatamente.
Fala com o Presidente para fecharem todos os cinemas

Não aguento mais ser censor.
Ah, pensa uma coisa, minha mãe, para distrair teu filho
Teu falso, teu miserável, teu sórdido filho
Que estala em força, sacrifício, violência, devotamento
Que podia britar pedra alegremente
Ser negociante cantando
Fazer advocacia com o sorriso exato
Se com isso não perdesse o que por fatalidade de amor
Sabe ser o melhor, o mais doce e o mais eterno da tua
[puríssima carícia.

CINCO ELEGIAS

*A
Otávio de Faria
José Arthur da Frota Moreira
Mário Vieira de Mello*

Dessas cinco elegias, as quatro primeiras foram ideadas e em parte escritas — a primeira e a segunda integralmente — em 1937, em Itatiaia, no sítio de Otávio de Faria, ali a meio caminho entre Campo Belo e a Cachoeira de Marombas, lugar que amo e onde passei alguns dos meus melhores dias. Nesse tempo, a terceira, essa que aqui vai com o título de "Desesperada", era para ser na realidade a quarta; em substituição havia outra, que se deveria chamar "Intermédio elegíaco" e afinal se transformou num drama lírico, com que ainda hoje ando lidando. Iniciada nessa mesma ocasião, só fui terminá-la em fins de 1938, em Oxford, quando, estudante, ali assisti. A atual quarta foi a única que me perseguiu, inacabada, ao longo de todos esses anos. Há coisa de um mês, de repente, resolveu-se.

Quanto à última, escrevi-a de jato, naquele maio de 1939, em Londres, vendo, do meu apartamento, a manhã nascer sobre os telhados novos do bairro de Chelsea. A qualidade da experiência vivida e o lugar onde a vivi criaram-lhe espontaneamente a linguagem em que se formou, mistura de português e inglês, com vocábulos muitas vezes inventados e sem chave morfológica possível. Mas não houve sombra de vontade de parecer original. É uma fala de amor como a falei, virtualmente transposta para a poesia, na qual procurei traduzir, dentro de sonoridades estanques de duas línguas que me são tão caras e com arranjos gráficos e de ordem puramente mnemônica, isso que foi a maior aventura lírica da minha vida.

V.M.
Junho de 1943

ELEGIA QUASE UMA ODE

Meu sonho, eu te perdi; tornei-me em homem.

O verso que mergulha o fundo de minha alma
É simples e fatal, mas não traz carícia...
Lembra-me de ti, poesia criança, de ti
Que te suspendias para o poema como que para um seio
[no espaço.
Levavas em cada palavra a ânsia
De todo o sofrimento vivido.

Queria dizer coisas simples, bem simples
Que não ferissem teus ouvidos, minha mãe.
Queria falar em Deus, falar docemente em Deus
Para acalentar tua esperança, minha avó.
Queria tornar-me mendigo, ser miserável
Para participar de tua beleza, meu irmão.
Queria, meus amigos... queria, meus inimigos...
Queria...
      queria tão exaltadamente, minha amiga!

Mas tu, Poesia
Tu desgraçadamente Poesia
Tu que me afogaste em desespero e me salvaste
E me afogaste de novo e de novo me salvaste e me trouxeste
À borda de abismos irreais em que me lançaste e que depois
[eram abismos verdadeiros
Onde vivia a infância corrompida de vermes, a loucura
[prenhe do Espírito Santo, e ideias e ideais em lágrimas,
   [e castigos e redenções mumificados em sêmen cru
Tu!

Iluminaste, jovem dançarina, a lâmpada mais triste da
                              [memória...

Pobre de mim, tornei-me em homem.
De repente, como a árvore pequena
Que à estação das águas bebe a seiva do húmus farto
Estira o caule e dorme para despertar adulta
Assim, poeta, voltaste para sempre.

No entanto, era mais belo o tempo em que sonhavas...

Que sonho é minha vida?
A ti direi que és tu, Maria Aparecida!
A vós, no pudor de falar ante a vossa grandeza
Direi que é esquecer todos os sonhos, meus amigos.
Ao mundo, que ama a lenda dos destinos
Direi que é o meu caminho de poeta.
A mim mesmo, hei de chamá-lo inocência, amor, alegria,
                    [sofrimento, morte, serenidade
Hei de chamá-lo assim que sou fraco e mutável
E porque é preciso que eu não minta nunca para poder dormir.
Ah
Devesse eu jamais atender aos apelos do íntimo...

*

Teus braços longos, coruscantes; teus cabelos de oleosa cor;
tuas mãos musicalíssimas; teus pés que levam a dança pri-
sioneira; teu corpo grave de graça instantânea; o modo com
que olhas o âmago da vida; a tua paz, angústia paciente; o

teu desejo irrevelado; o grande, o infinito inútil poético! tudo
isso seria um sonho a sonhar no teu seio que é tão pequeno...

*

Ó, quem me dera não sonhar mais nunca
Nada ter de tristezas nem saudades
Ser apenas Moraes sem ser Vinicius!
Ah, pudesse eu jamais, me levantando
Espiar a janela sem paisagem
O céu sem tempo e o tempo sem memória!
Que hei de fazer de mim que sofro tudo
Anjo e demônio, angústias e alegrias
Que peco contra mim e contra Deus!
Às vezes me parece que me olhando
Ele dirá, do seu celeste abrigo:
Fui cruel por demais com esse menino...
No entanto, que outro olhar de piedade
Curará neste mundo as minhas chagas?
Sou fraco e forte, venço a vida: breve
Perco tudo; breve, não posso mais...
Oh, natureza humana, que desgraça!
Se soubesses que força, que loucura
São todos os teus gestos de pureza
Contra uma carne tão alucinada!
Se soubesses o impulso que te impele
Nestas quatro paredes de minha alma
Nem sei o que seria deste pobre
Que te arrasta sem dar um só gemido!
É muito triste se sofrer tão moço

Sabendo que não há nenhum remédio
E se tendo que ver a cada instante
Que é assim mesmo, que mais tarde passa
Que sorrir é questão de paciência
E que a aventura é que governa a vida
Ó ideal misérrimo, te quero:
Sentir-me apenas homem e não poeta!

E escuto... Poeta! triste Poeta!
Não, foi certamente o vento da manhã nas araucárias
Foi o vento... sossega, meu coração; às vezes o vento parece
                                        [falar...
E escuto... Poeta! pobre Poeta!
Acalma-te, tranquilidade minha... é um passarinho, só pode
                                        [ser um passarinho
Eu nem me importo... e se não for um passarinho, há tantos
                                        [lamentos nesta terra...
E escuto... Poeta! sórdido Poeta!
Oh angústia! desta vez... não foi a voz da montanha? Não
                                        [foi o eco distante
Da minha própria voz inocente?

Choro.
Choro atrozmente, como os homens choram.
As lágrimas correm milhões de léguas no meu rosto que
                                        [o pranto faz gigantesco.
Ó lágrimas, sois como borboletas dolorosas
Volitais dos meus olhos para os caminhos esquecidos...
Meu pai, minha mãe, socorrei-me!
Poetas, socorrei-me!

Penso que daqui a um minuto estarei sofrendo
Estarei puro, renovado, criança, fazendo desenhos perdidos
                                                [no ar...
Venham me aconselhar, filósofos, pensadores
Venham me dizer o que é a vida, o que é o conhecimento,
                                              [o que quer dizer a memória
Escritores russos, alemães, franceses, ingleses, noruegueses
Venham me dar ideias como antigamente, sentimentos como
                                              [antigamente
Venham me fazer sentir sábio como antigamente!
Hoje me sinto despojado de tudo que não seja música
Poderia assoviar a ideia da morte, fazer uma sonata de toda
                                              [a tristeza humana
Poderia apanhar todo o pensamento da vida e enforcá-lo na
                                              [ponta de uma clave de Fá!

*

Minha Nossa Senhora, dai-me paciência
Meu Santo Antônio, dai-me muita paciência
Meu São Francisco de Assis, dai-me muitíssima paciência!
Se volto os olhos tenho vertigens
Sinto desejos estranhos de mulher grávida
Quero o pedaço de céu que vi há três anos, atrás de uma
                                              [colina que só eu sei
Quero o perfume que senti não me lembro quando e que era
                                              [entre sândalo e carne de seio.

Tanto passado me alucina
Tanta saudade me aniquila

Nas tardes, nas manhãs, nas noites da serra.
Meu Deus, que peito grande que eu tenho
Que braços fortes que eu tenho, que ventre esguio que
[eu tenho!
Para que um peito tão grande
Para que uns braços tão fortes
Para que um ventre tão esguio
Se todo meu ser sofre da solidão que tenho
Na necessidade que tenho de mil carícias constantes da amiga?
Por que eu caminhando
Eu pensando, eu me multiplicando, eu vivendo
Por que eu nos sentimentos alheios
E eu nos meus próprios sentimentos
Por que eu animal livre pastando nos campos
E príncipe tocando o meu alaúde entre as damas do senhor
[rei meu pai
Por que eu truão nas minhas tragédias
E Amadis de Gaula nas tragédias alheias?
Basta!
Basta, ou dai-me paciência!
Tenho tido muita delicadeza inútil
Tenho me sacrificado muito demais, um mundo de mulheres
[em excesso tem me vendido
Quero um pouso
Me sinto repelente, impeço os inocentes de me tocarem
Vivo entre as águas torvas da minha imaginação
Anjos, tangei sinos
O anacoreta quer a sua amada
Quer a sua amada vestida de noiva
Quer levá-la para a neblina do seu amor...
Mendelssohn, toca a tua marchinha inocente

Sorriam pajens, operárias curiosas
O poeta vai passar soberbo
Ao seu abraço uma criança fantástica derrama os óleos
                    [santos das últimas lágrimas
Ah, não me afogueis em flores, poemas meus, voltai aos livros
Não quero glórias, pompas, adeus!
Solness, voa para a montanha, meu amigo
Começa a construir uma torre bem alta, bem alta...

ELEGIA LÍRICA

Um dia, tendo ouvido bruscamente o apelo da amiga
                                    [desconhecida
Pus-me a descer contente pela estrada branca do sul
E em vão eram tristes os rios e torvas as águas
Nos vales havia mais poesia que em mil anos.

Eu devia ser como o filósofo errante à imagem da Vida
O riso me levava nas asas vertiginosas das andorinhas
E em vão eram tristes os rios e torvas as águas
Sobre o horizonte em fogo cavalos vermelhos pastavam.

Por todos os lados flores, não flores ardentes, mas outras flores
Singelas, que se poderiam chamar de outros nomes que não
                                                [os seus
Flores como borboletas prisioneiras, algumas pequenas
                                          [e pobrezinhas
Que lá aos vossos pés riam-se como orfãzinhas despertadas.

Que misericórdia sem termo vinha se abatendo sobre mim!
Meus braços se fizeram longos para afagar os seios das
                                                [montanhas
Minhas mãos se tornaram leves para reconduzir
                             [o animalzinho transviado
Meus dedos ficaram suaves para afagar a pétala murcha.

E acima de tudo me abençoava o anjo do amor sonhado...
Seus olhos eram puros e mutáveis como profundezas de lago
Ela era como uma nuvem branca num céu de tarde
Triste, mas tão real e evocativa como uma pintura.

Cheguei a querê-la em lágrimas, como uma criança
Vendo-a dançar ainda quente de sol nas gazes frias da chuva
E a correr para ela, quantas vezes me descobri confuso
Diante de fontes nuas que me prendiam e me abraçavam...

Meu desejo era bom e meu amor fiel
Versos que outrora fiz vinham-me sorrir à boca...
Oh, doçura! que colmeia és de tanta abelha
Em meu peito a derramares mel tão puro!

E vi surgirem as luzes brancas da cidade
Que me chamavam; e fui... Cheguei feliz
Abri a porta... ela me olhou e perguntou meu nome:
Era uma criança, tinha olhos exaltados, parecia me esperar.

*

A minha namorada é tão bonita, tem olhos como
                        [besourinhos do céu
Tem olhos como estrelinhas que estão sempre balbuciando
                                [aos passarinhos...
É tão bonita! tem um cabelo fino, um corpo menino
                          [e um andar pequenino
E é a minha namorada... vai e vem como uma patativa,
                          [de repente morre de amor
Tem fala de S e dá a impressão que está entrando por uma
                                  [nuvem adentro...
Meu Deus, eu queria brincar com ela, fazer comidinha,
                            [jogar nai-ou-nentes
Rir e num átimo dar um beijo nela e sair correndo

E ficar de longe espiando-lhe a zanga, meio vexado, meio
                            [sem saber o que faça...
A minha namorada é muito culta, sabe aritmética, geografia,
                            [história, contraponto
E se eu lhe perguntar qual a cor mais bonita ela não dirá
                            [que é a roxa porém brique.
Ela faz coleção de cactos, acorda cedo vai para o trabalho
E nunca se esquece que é a menininha do poeta.
Se eu lhe perguntar: Meu anjo, quer ir à Europa? ela diz:
                            [Quero se mamãe for!
Se eu lhe perguntar: Meu anjo, quer casar comigo? ela diz...
                            [— não, ela não acredita.
É doce! gosta muito de mim e sabe dizer sem lágrimas: Vou
                            [sentir tantas saudades quando você for...
É uma nossa senhorazinha, é uma cigana, é uma coisa
Que me faz chorar na rua, dançar no quarto, ter vontade
                            [de me matar e de ser presidente da República
É boba, ela! tudo faz, tudo sabe, é linda, ó anjo de Domrémy!
Deem-lhe uma espada, constrói um reino; deem-lhe uma
                            [agulha, faz um crochê
Deem-lhe um teclado, faz uma aurora, deem-lhe razão, faz
                            [uma briga...!
E do pobre ser que Deus lhe deu, eu, filho pródigo, poeta
                            [cheio de erro
Ela fez um eterno perdido...

"Meu benzinho adorado minha triste irmãzinha eu te peço
por tudo o que há de mais sagrado que você me escreva uma
cartinha sim dizendo como é que você vai que eu não sei eu
ando tão zaranza por causa do teu abandono eu choro e um

dia pego tomo um porre danado que você vai ver e aí nunca mais mesmo que você me quer e sabe o que eu faço eu vou-me embora para sempre e nunca mais vejo esse rosto lindo que eu adoro porque você é toda a minha vida e eu só escrevo por tua causa ingrata e só trabalho para casar com você quando a gente puder porque agora tudo está tão difícil mas melhora não se afobe e tenha confiança em mim que te quero acima do próprio Deus que me perdoe eu dizer isso mas é sincero porque ele sabe que ontem pensei todo o dia em você e acabei chorando no rádio por causa daquele estudo de Chopin que você tocou antes de eu ir-me embora e imagina só que estou fazendo uma história para você muito bonita e quando chega de noite eu fico tão triste que até dá pena e tenho vontade de ir correndo te ver e beijo o ar feito bobo com uma coisa no coração que já fui até no médico mas ele disse que é nervoso e me falou que eu sou emotivo e eu peguei ri na cara dele e ele ficou uma fera que a medicina dele não sabe que o meu bem está longe melhor para ele eu só queria te ver uma meia hora eu pedia tanto que você acabava ficando enfim adeus que já estou até cansado de tanta saudade e tem gente aqui perto e fica feio eu chorar na frente deles eu não posso adeus meu rouxinol me diz boa-noite e dorme pensando neste que te adora e se puder pensa o menos possível no teu amigo para você não se entristecer muito que só mereces felicidade do teu definitivo e sempre amigo..."

*

Tudo é expressão.
Neste momento, não importa o que eu te diga
Voa de mim como uma incontensão de alma ou como
[um afago.
Minhas tristezas, minhas alegrias
Meus desejos são teus, toma, leva-os contigo!
És branca, muito branca
E eu sou quase eterno para o teu carinho.
Não quero dizer nem que te adoro
Nem que tanto me esqueço de ti
Quero dizer-te em outras palavras todos os votos de amor
[jamais sonhados
Alóvena, ebaente
Puríssima, feita para morrer…
"Oh
Crucificado estou
Na ânsia deste amor
Que o pranto me transporta sobre o mar
Pelas cordas desta lira
Todo o meu ser delira
Na alma da viola a soluçar!"
Bordões, primas
Falam mais que rimas.
É estranho
Sinto que ainda estou longe de tudo
Que talvez fosse melhor cantar um *blues*
Yes!
Mas
O maior medo é que não me ouças
Que estejas deitada sonhando comigo

Vendo o vento soprar o avental da tua janela
Ou na aurora boreal de uma igreja escutando se erguer o sol
                                                                   [de Deus.
Mas tudo é expressão!
Insisto nesse ponto, senhores jurados
O meu amor diz frases temíveis:
Angústia mística
Teorema poético
Cultura grega dos passeios no parque

No fundo o que eu quero é que ninguém me entenda
Para eu poder te amar tragicamente!

ELEGIA DESESPERADA

Alguém que me falasse do mistério do Amor
Na sombra — alguém! alguém que me mentisse
Em sorrisos, enquanto morriam os rios, enquanto morriam
As aves do céu! e mais que nunca
No fundo da carne o sonho rompeu um claustro frio
Onde as lúcidas irmãs na branca loucura das auroras
Rezam e choram e velam o cadáver gelado do sol!
Alguém que me beijasse e me fizesse estacar
No meu caminho — alguém! — as torres ermas
Mais altas que a lua, onde dormem as virgens
Nuas, as nádegas crispadas no desejo
Impossível dos homens — ah! deitariam a sua maldição!
Ninguém… nem tu, andorinha, que para seres minha
Foste mulher alta, escura e de mãos longas…
Revesti-me de paz? — não mais se me fecharão as chagas
Ao beijo ardente dos ideais — perdi-me
De paz! sou rei, sou árvore
No plácido país do Outono; sou irmão da névoa
Ondulante, sou ilha no gelo, apaziguada!
E no entanto, se eu tivesse ouvido em meu silêncio uma voz
De dor, uma simples voz de dor… mas! fecharam-me
As portas, sentaram-se todos à mesa e beberam o vinho
Das alegrias e penas da vida (e eu só tive a lua
Lívida, a lésbica que me poluiu da sua eterna
Insensível polução…). Gritarei a Deus? — ai dos homens!
Aos homens? — ai de mim! Cantarei
Os fatais hinos da redenção? Morra Deus
Envolto em música! — e que se abracem
As montanhas do mundo para apagar o rasto do poeta!

*

E o homem vazio se atira para o esforço desconhecido
Impassível. A treva amarga o vento. No silêncio
Troa invisível o tam-tam das tribos bárbaras
E descem os rios loucos para a imaginação humana.

Do céu se desprende a face maravilhosa de Canópus
Para o muito fundo da noite... — e um grito cresce
                            [desorientado
Um grito de virgem que arde... — na copa dos pinheiros
Nem um piar de pássaro, nem uma visão consoladora da lua.

É o instante em que o medo poderia ser para sempre
Em que as planícies se ausentam e deixam as entranhas
                            [cruas da terra
Para as montanhas, a imagem do homem crispado, correndo
É a visão do próprio desespero perdido na própria imobilidade.

Ele traz em si mesmo a maior das doenças
Sobre o seu rosto de pedra os olhos são órbitas brancas
À sua passagem as sensitivas se fecham apavoradas
E as árvores se calam e tremem convulsas de frio.

O próprio bem tem nele a máscara do gelo
E o seu crime é cruel, lúcido e sem paixão
Ele mata a avezinha só porque a viu voando
E queima florestas inteiras para aquecer as mãos.

Seu olhar que rouba às estrelas belezas recônditas
Debruça-se às vezes sobre a borda negra dos penhascos
E seu ouvido agudo escuta longamente em transe
As gargalhadas cínicas dos vampiros e dos duendes.

E se acontece encontrar em seu fatal caminho
Essas imprudentes meninas que costumam perder-se nos
                                        [bosques
Ele as apaixona de amor e as leva e as sevicia
E as lança depois ao veneno das víboras ferozes.

Seu nome é terrível. Se ele o grita silenciosamente
Deus se perde de horror e se destrói no céu.
Desespero! Desespero! Porta fechada ao mal
Loucura do bem, desespero, criador de anjos!

*

(O DESESPERO DA PIEDADE)

Meu Senhor, tende piedade dos que andam de bonde
E sonham no longo percurso com automóveis,
                                [apartamentos...
Mas tende piedade também dos que andam de automóvel
Quando enfrentam a cidade movediça de sonâmbulos,
                                          [na direção.

Tende piedade das pequenas famílias suburbanas
E em particular dos adolescentes que se embebedam
                                        [de domingos

Mas tende mais piedade ainda de dois elegantes que passam
E sem saber inventam a doutrina do pão e da guilhotina.

Tende muita piedade do mocinho franzino, três cruzes, poeta
Que só tem de seu as costeletas e a namorada pequenina
Mas tende mais piedade ainda do impávido forte colosso
                                              [do esporte
E que se encaminha lutando, remando, nadando para a morte.

Tende imensa piedade dos músicos dos cafés e casas de chá
Que são virtuoses da própria tristeza e solidão
Mas tende piedade também dos que buscam o silêncio
E súbito se abate sobre eles uma ária da Tosca.

Não esqueçais também em vossa piedade os pobres que
                                              [enriqueceram
E para quem o suicídio ainda é a mais doce solução
Mas tende realmente piedade dos ricos que empobreceram
E tornam-se heroicos e à santa pobreza dão um ar de
                                              [grandeza.

Tende infinita piedade dos vendedores de passarinhos
Que em suas alminhas claras deixam a lágrima
                              [e a incompreensão
E tende piedade também, menor embora, dos vendedores
                                              [de balcão
Que amam as freguesas e saem de noite, quem sabe aonde
                                                    [vão…

Tende piedade dos barbeiros em geral, e dos cabeleireiros

Que se efeminam por profissão mas que são humildes nas
                                              [suas carícias
Mas tende maior piedade ainda dos que cortam o cabelo:
Que espera, que angústia, que indigno, meu Deus!

Tende piedade dos sapateiros e caixeiros de sapataria
Que lembram madalenas arrependidas pedindo piedade
                                              [pelos sapatos
Mas lembrai-vos também dos que se calçam de novo
Nada pior que um sapato apertado, Senhor Deus.

Tende piedade dos homens úteis como os dentistas
Que sofrem de utilidade e vivem para fazer sofrer
Mas tende mais piedade dos veterinários e práticos de farmácia
Que muito eles gostariam de ser médicos, Senhor.

Tende piedade dos homens públicos e em particular dos
                                              [políticos
Pela sua fala fácil, olhar brilhante e segurança dos gestos de mão
Mas tende mais piedade ainda dos seus criados, próximos
                                              [e parentes
Fazei, Senhor, com que deles não saiam políticos também.

*

E no longo capítulo das mulheres, Senhor, tende piedade
                                              [das mulheres
Castigai minha alma, mas tende piedade das mulheres
Enlouquecei meu espírito, mas tende piedade das mulheres
Ulcerai minha carne, mas tende piedade das mulheres!

Tende piedade da moça feia que serve na vida
De casa, comida e roupa lavada da moça bonita
Mas tende mais piedade ainda da moça bonita
Que o homem molesta — que o homem não presta, não
                            [presta, meu Deus!

Tende piedade das moças pequenas das ruas transversais
Que de apoio na vida só têm Santa Janela da Consolação
E sonham exaltadas nos quartos humildes
Os olhos perdidos e o seio na mão.

Tende piedade da mulher no primeiro coito
Onde se cria a primeira alegria da Criação
E onde se consuma a tragédia dos anjos
E onde a morte encontra a vida em desintegração.

Tende piedade da mulher no instante do parto
Onde ela é como a água explodindo em convulsão
Onde ela é como a terra vomitando cólera
Onde ela é como a lua parindo desilusão.

Tende piedade das mulheres chamadas desquitadas
Porque nelas se refaz misteriosamente a virgindade
Mas tende piedade também das mulheres casadas
Que se sacrificam e se simplificam a troco de nada.

Tende piedade, Senhor, das mulheres chamadas
                            [vagabundas
Que são desgraçadas e são exploradas e são infecundas
Mas que vendem barato muito instante de esquecimento

E em paga o homem mata com a navalha, com o fogo, com
[o veneno.

Tende piedade, Senhor, das primeiras namoradas
De corpo hermético e coração patético
Que saem à rua felizes mas que sempre entram desgraçadas
Que se creem vestidas mas que em verdade vivem nuas.

Tende piedade, Senhor, de todas as mulheres
Que ninguém mais merece tanto amor e amizade
Que ninguém mais deseja tanto poesia e sinceridade
Que ninguém mais precisa tanto de alegria e serenidade.

Tende infinita piedade delas, Senhor, que são puras
Que são crianças e são trágicas e são belas
Que caminham ao sopro dos ventos e que pecam
E que têm a única emoção da vida nelas.

Tende piedade delas, Senhor, que uma me disse
Ter piedade de si mesma e de sua louca mocidade
E outra, à simples emoção do amor piedoso
Delirava e se desfazia em gozos de amor de carne.

Tende piedade delas, Senhor, que dentro delas
A vida fere mais fundo e mais fecundo
E o sexo está nelas, e o mundo está nelas
E a loucura reside nesse mundo.

Tende piedade, Senhor, das santas mulheres
Dos meninos velhos, dos homens humilhados — sede enfim

Piedoso com todos, que tudo merece piedade
E se piedade vos sobrar, Senhor, tende piedade de mim!

ELEGIA AO PRIMEIRO AMIGO

Seguramente não sou eu
Ou antes: não é o ser que eu sou, sem finalidade e sem
[história.
É antes uma vontade indizível de te falar docemente
De te lembrar tanta aventura vivida, tanto meandro de ternura
Neste momento de solidão e desmesurado perigo em que
[me encontro.
Talvez seja o menino que um dia escreveu um soneto para
[o dia de teus anos
E te confessava um terrível pudor de amar, e que chorava
[às escondidas
Porque via em muitos dúvidas sobre uma inteligência que
[ele estimava genial.
Seguramente não é a minha forma.
A forma que uma tarde, na montanha, entrevi, e que me fez
[tão tristemente temer minha própria poesia.
É apenas um prenúncio do mistério
Um suspiro da morte íntima, ainda não desencantada...
Vim para ser lembrado
Para ser tocado de emoção, para chorar
Vim para ouvir o mar contigo
Como no tempo em que o sonho da mulher nos alucinava,
[e nós
Encontrávamos força para sorrir à luz fantástica da manhã.
Nossos olhos enegreciam lentamente de dor
Nossos corpos duros e insensíveis
Caminhavam léguas — e éramos o mesmo afeto
Para aquele que, entre nós, ferido de beleza
Aquele de rosto de pedra
De mãos assassinas e corpo hermético de mártir

Nos criava e nos destruía à sombra convulsa do mar.
Pouco importa que tenha passado, e agora
Eu te possa ver subindo e descendo os frios vales
Ou nunca mais irei, eu
Que muita vez neles me perdi para afrontar o medo da treva...
Trazes ao teu braço a companheira dolorosa
A quem te deste como quem se dá ao abismo, e para quem
    [cantas o teu desespero como um grande pássaro sem ar.
Tão bem te conheço, meu irmão; no entanto
Quem és, amigo, tu que inventaste a angústia
E abrigaste em ti todo o patético?
Não sei o que tenho de te falar assim: sei
Que te amo de uma poderosa ternura que nada pede nem dá
Imediata e silenciosa; sei que poderias morrer
E eu nada diria de grave; decerto
Foi a primavera temporã que desceu sobre o meu quarto
                                      [de mendigo
Com seu azul de outono, seu cheiro de rosas e de velhos
                                                 [livros...
Pensar-te agora na velha estrada me dá tanta saudade
                                      [de mim mesmo
Me renova tanta coisa, me traz à lembrança tanto instante
                                              [vivido:
Tudo isso que vais hoje revelar à tua amiga, e que nós
    [descobrimos numa incomparável aventura
Que é como se me voltasse aos olhos a inocência com que um
    [dia dormi nos braços de uma mulher que queria me matar.
Evidentemente (e eu tenho pudor ainda de dizê-lo)
Quero um bem enorme a vocês dois, acho vocês formidáveis
Fosse tudo para dar em desastre no fim, o que não vejo possível

(Vá lá por conta da necessária gentileza...)
No entanto, delicadamente, me desprenderei da vossa
 [companhia, deixar-me-ei ficar para trás, para trás...
Existo também; de algum lugar
Uma mulher me vê viver; de noite, às vezes
Escuto vozes ermas
Que me chamam para o silêncio.
Sofro
O horror dos espaços
O pânico do infinito
O tédio das beatitudes.
Sinto
Refazerem-se em mim mãos que decepei de meus braços
Que viveram sexos nauseabundos, seios em putrefação.
Ah, meu irmão, muito sofro! de algum lugar, na sombra
Uma mulher me vê viver... — perdi o meio da vida
E o equilíbrio da luz; sou como um pântano ao luar.

*

Falarei baixo
Para não perturbar tua amiga adormecida
Serei delicado. Sou muito delicado. Morro de delicadeza.
Tudo me merece um olhar. Trago
Nos dedos um constante afago para afagar; na boca
Um constante beijo para beijar; meus olhos
Acarinham sem ver; minha barba é delicada na pele das
                              [mulheres.
Mato com delicadeza. Faço chorar delicadamente
E me deleito. Inventei o carinho dos pés; minha palma

Áspera de menino de ilha pousa com delicadeza sobre um
                              [corpo de adúltera.
Na verdade, sou um homem de muitas mulheres, e com
                              [todas delicado e atento
Se me entediam, abandono-as delicadamente, desprendendo-me
                              [delas com uma doçura de água
Se as quero, sou delicadíssimo; tudo em mim
Desprende esse fluido que as envolve de maneira irremissível
Sou um meigo energúmeno. Até hoje só bati numa mulher
Mas com singular delicadeza. Não sou bom
Nem mau: sou delicado. Preciso ser delicado
Porque dentro de mim mora um ser feroz e fratricida
Como um lobo. Se não fosse delicado
Já não seria mais. Ninguém me injuria
Porque sou delicado; também não conheço o dom da injúria.
Meu comércio com os homens é leal e delicado; prezo ao
                              [absurdo
A liberdade alheia; não existe
Ser mais delicado que eu; sou um místico da delicadeza
Sou um mártir da delicadeza; sou
Um monstro de delicadeza.

*

Seguramente não sou eu:
É a tarde, talvez, assim parada
Me impedindo de pensar. Ah, meu amigo
Quisera poder dizer-te tudo; no entanto
Preciso desprender-me de toda lembrança; de algum lugar
Uma mulher me vê viver, que me chama; devo

Segui-la, porque tal é o meu destino. Seguirei
Todas as mulheres em meu caminho, de tal forma
Que ela seja, em sua rota, uma dispersão de pegadas
Para o alto, e não me reste de tudo, ao fim
Senão o sentimento desta missão e o consolo de saber
Que fui amante, e que entre a mulher e eu alguma coisa
                                                             [existe
Maior que o amor e a carne, um secreto acordo, uma promessa
De socorro, de compreensão e de fidelidade para a vida.

A ÚLTIMA ELEGIA (V)

Para Tati

```
            O                      L
       O    F              E    S
    R       S          H       E
 O              O F C                 A
```

Greenish, newish roofs of Chelsea
Onde, merencórios, toutinegram rouxinóis
Forlornando baladas para nunca mais!
Ó imortal landscape
                      no anticlímax da aurora!
                        ô joy for ever!
Na hora da nossa morte et nunc et semper
Na minha vida em lágrimas!
                            uer ar iú
Ó fenesuites, calmo atlas do fog
Impassévido devorador das esterlúridas?
Darling, darkling I listen…
                    "… it is, my soul, it is
Her gracious self…"
                        murmura adormecida
É meu nome!…
        sou eu, sou eu, Nabucodonosor!
Motionless I climb
      the wa
         t
         e
         r
         -

        Am I p a Spider?
             i
        Am I p a Mirror?
             e
        Am I s an X Ray?

No, I'm the Three Musketeers
            rolled in a Romeo.
                  Virus
Da alta e irreal paixão subindo as veias
Com que chegar ao coração da amiga.
                        Alas, celua
Me iluminou, celua me iludiu cantando
The songs of Los; e agora
                meus passos
                são gatos
Comendo o tempo em tuas cornijas
Em lúridas, muito lúridas
Aventuras do amor mediúnico e miaugente...
So I came
           — from the dark bull-like tower
                       fantomática
Que à noite bimbalha bimbalões de badaladas
Nos bem-bons da morte e ruge menstruosamente sádica
A sua sede de amor; so I came
De Menaipa para Forox, do rio ao mar — e onde

Um dia assassinei um cadáver aceso
Velado pelas seis bocas, pelos doze olhos, pelos centevinte dedos
                                   [espalmados

Dos primeiros padres do mundo; so I came
For everlong that everlast — e deixa-me cantá-lo
A voz morna da retardosa rosa
Mornful and Beátrix
Obstétrix
Poésia.

*

Dost thou remember, dark love
Made in London, celua, celua nostra
Mais linda que mare nostrum?
                      quando early morn'
Eu vinha impressentido, like the shadow of a cloud
Crepitante ainda nos aromas emolientes de Christ Church
                                                  [meadows
Frio como uma coluna dos cloisters de Magdalen
Queimar-me à luz translúcida de Chelsea?
Fear love...
          ô brisa do Tâmisa, ô ponte de Waterloo, ô
Roofs of Chelsea, ô proctors, ô preposterous
Symbols of my eagerness!
          — terror no espaço!
              — silêncio nos graveyards!
                  — fome dos braços teus!
Só Deus me escuta andar...
          — ando sobre o coração de Deus
Em meio à flora gótica... step, step along
Along the High... "I don't fear anything
But the ghost of Oscar Wilde..." ... ô darlingest

I feared... A ESTAÇÃO DE TRENS... I had to post-pone
All my souvenirs! there was always a bowler-hat
Or a POLICEMAN around, a stretched one, a mighty
Goya, looking sort of put upon, cuja passada de cautchu
Era para mim como o bater do coração do silêncio (I used
To eat all the chocolates from the one-penny-machine
Just to look natural; it seemed to me que não era eu
Any more, era Jack the Ripper being hunted) e suddenly
Tudo ficava restful and warm... — o siiiiiiiii
Lvo da Locomotiva — leitmotiv — locomovendo-se
Through the Ballad of READING Gaol até a visão de
PADDINGTON (quem foste tu tão grande
Para alevantares aos amanhecentes céus de amor
Os nervos de aço de Vercingetórix?). Eu olharia risonho
A Rosa dos Ventos. S.W. Loeste! no dédalo
Se acalentaria uma loenda de amigo: "I wish, I wish
I were asleep". Quoth I: — Ô squire
Please, à Estrada do Rei, na Casa do Pequeno Cisne
Room twenty four! ô squire, quick, before
My heart turns to whatever whatsoever sore!
Há um grande aluamento de microerosíferos
Em mim! ô squire, art thou in love? dost thou
Believe in pregnancy, kindly tell me? ô
Squire, quick, before alva turns to electra
For ever, ever more! give thy horses
Gasoline galore, but to take me to my maid
Minha garota — Lenore!
Quoth the driver: — Right you are, sir.

*

Ô roofs of Chelsea!
Encantados roofs, multicolores, briques, bridges, brumas
Da aurora em Chelsea! ô melancholy!
"I wish, I wish I were asleep..." but the morning
Rises, o perfume da madrugada em Londres
Makes me fluid... darling, darling, acorda, escuta
Amanheceu, não durmas... o bálsamo do sono
Fechou-te as pálpebras de azul... Victoria & Albert resplende
Para o teu despertar; ô darling, vem amar
À luz de Chelsea! não ouves o rouxinol cantar em Central Park?
Não ouves resvalar no rio, sob os chorões, o leve batel
Que Bilac deitou à correnteza para eu te passear? não sentes
O vento brando e macio nos mahoganies? the leaves of brown
Came thumbling down, remember?
"Escrevi dez canções...
    ... escrevi um soneto...
     ... escrevi uma elegia..."
Ô darling, acorda, give me thy eyes of brown, vamos fugir
Para a Inglaterra?
    "... escrevi um soneto...
     ... escrevi uma carta..."
Ô darling, vamos fugir para a Inglaterra?
     "... que irão pensar
Os quatro cavaleiros do Apocalipse..."
     "... escrevi uma ode..."
Ô darling!
  Ô PAVEMENTS!
    Ô roofs of Chelsea!

Encantados roofs, noble pavements, cheerful pubs, delicatessen
Crumpets, a glass of bitter, cap and gown... — don't cry, don't
[cry!
Nothing is lost, I'll come again, next week, I promise thee...
Be still, don't cry...
               ... don't cry...
               ... don't cry
            RESOUND
Ye pavements!
              — até que a morte nos separe —
                ó brisas do Tâmisa, farfalhai!
Ó telhados de Chelsea,
            amanhecei!

POSFÁCIO

POETA DE MUITAS TÉCNICAS
EDUARDO COELHO*

Antes de examinar os livros *Novos poemas* (1938) e *Cinco elegias* (1943), seria pertinente fazer algumas considerações sobre a estreia literária de Vinicius de Moraes, quando afirmou que "todos os arranhões" que acompanhavam a "fixação inicial" dos poemas d'*O caminho para a distância* (1933) foram preservados. Trata-se de uma obra "virgem de remodelações", conforme o preâmbulo do volume. Ele estabeleceu, dessa maneira, uma ligação direta entre sua poesia e a inspiração em estado bruto.

É interessante observar, no entanto, que no Arquivo Vinicius de Moraes — depositado na Fundação Casa de Rui Barbosa — há poemas manuscritos e/ou datiloscritos emendados desse livro.** A presença de textos metrificados, embora em menor número, também evidencia uma improvável ausência de "remodelações".

O que buscava então o poeta com tais considerações no preâmbulo d'*O caminho para a distância*? Sem qualquer dúvida havia interesse de Vinicius associar-se a uma linhagem do improviso e da criação impulsiva, muito adequada à temática amorosa que prevalece nessa obra de pendor neorromântico. A inspiração bruta parece ainda condizente com o interesse pelas "coisas do alto", quando o caráter místico-religioso de sua poética inicial ganha destaque. Talvez servisse até mesmo como defesa a supostas críticas relacionadas a um aspecto que se desta-

---

*Eduardo Coelho é professor de literatura brasileira da Faculdade de Letras/UFRJ.
** Na edição d'*O caminho para a distância* coordenada por Eucanaã Ferraz e publicada pela Companhia das Letras (São Paulo, 2008), no caderno de imagens da abertura do livro encontra-se a reprodução do manuscrito de "A uma mulher", onde é possível observar uma série de emendas no poema.

ca e foi analisado por Otávio de Faria — a desigualdade entre os textos, fenômeno muito recorrente em livros de estreia.

Há poemas de "épocas diversas", "formas diferentes", "alguns dando a impressão de terem sido bastante trabalhados", "outros exibindo inocentemente o seu ainda perfeito estado de natureza", constatou Otávio de Faria, que viu nesses índices uma "certa confusão de linhas ainda pouco firmes, aparentemente contraditórias, que às vezes mesmo chegam a ficar embaraçadas umas nas outras".*

Se a leitura dessa obra revela aparentemente contradições de fatura, Vinicius buscou destacar no preâmbulo só um de seus recursos criativos — a inspiração pura —, estabelecendo assim, com o romantismo, uma dívida inquestionável que marcaria de modo contundente a *persona* do autor. Eis um vínculo formado com a tradição que vai amadurecer e se pluralizar no devir da poética viniciana.

Os diálogos com o passado serão ampliados; as formas fixas, atualizadas por meio de maior domínio técnico; às vezes a temática amorosa vai superar a culpa e o medo, e o poeta das "coisas do alto" começaria a direcionar seus olhos ao rés do chão, aproximando-se de elementos e fatos do cotidiano. Essas características se tornam evidentes a partir sobretudo dos *Novos poemas* (1938), frequentemente avaliados como obra de transição. O neorromantismo da poesia de Vinicius de Moraes não será abandonado, mas passa a figurar ao lado do modernismo, especialmente o de Manuel Bandeira, de quem o verso "Todos os ritmos sobretudo os inumeráveis" serve como epígrafe e como possível definição do conjunto ali reunido. São também relevantes as dedicatórias a autores modernistas: Prudente de Moraes, neto, Mário de Andrade,

---

* O texto de Otávio de Faria sobre *O caminho para a distância* foi publicado em *Dois poetas: Augusto Frederico Schmidt e Vinicius de Moraes* (Rio de Janeiro: Ariel, 1935, pp. 239-50) e reproduzido na referida edição da Companhia das Letras (pp. 85-94).

Pedro Nava e Murilo Mendes, além de Augusto Frederico Schmidt, a quem seus primeiros livros estão muito ligados em função da religiosidade, do tom elevado e da transcendência, cuja força vai se esvaindo gradativamente até Vinicius alcançar, a partir dos anos 1940, sua produção mais canônica.

A ampliação dos diálogos com o passado torna-se clara já no sumário de *Novos poemas*: "Soneto de intimidade", "Balada feroz", "Soneto à lua", "Soneto de agosto", "Soneto simples", "Soneto a Katherine Mansfield", "Soneto de contrição", "Soneto de carta e mensagem", "Soneto de devoção", "Balada para Maria" e "Soneto de inspiração". Não se trata, porém, de uma relação passiva, pois a adoção de formas fixas também revelará na maior parte das vezes um notável trabalho de subversão de certas normas.

No "Soneto de intimidade", os versos alexandrinos encontram-se distribuídos de acordo com o modelo italiano (dois quartetos e dois tercetos), mas as rimas foram criadas por meio da mistura dessa matriz, notabilizada por Petrarca, com o esquema inglês celebrizado por William Shakespeare. Além disso, a nobreza do alexandrino contrasta com a seleção de um campo semântico "rude" (os verbos *cuspir* e *mijar*, bem como o substantivo *estrume*) e com a própria cena trivial, em que o desleixo é absoluto:

> Nas tardes de fazenda há muito azul demais.
> Eu saio às vezes, sigo pelo pasto, agora
> Mastigando um capim, o peito nu de fora
> No pijama irreal de há três anos atrás.

Também não é possível esquecer que a animalização do sujeito perturba a forma clássica do soneto:

> Fico ali respirando o cheiro bom do estrume
> Entre as vacas e os bois que me olham sem ciúme
> E quando por acaso uma mijada ferve

Seguida de um olhar não sem malícia e verve
Nós todos, animais, sem comoção nenhuma
Mijamos em comum numa festa de espuma.

No "Soneto simples", Vinicius de Moraes construiu um poema em prosa dividido em dois blocos. Contudo, é fácil perceber um ritmo regular. Se avaliado mais atentamente, o primeiro bloco de texto equivale à reunião de seis unidades métricas, enquanto o segundo agrupa a medida equivalente à de oito versos. Ao todo, portanto, são catorze unidades métricas, tal como num soneto clássico, que conta invariavelmente com catorze versos. Vale notar que predomina a medida de dez sílabas nas unidades métricas dos dois blocos.

Sob a perspectiva melódica, a falta de um esquema tradicional de rimas é compensada pela variedade de aliterações ("*p*artira" e "*p*orta"; "*m*elro" e "*b*ranco"; "tra*nsp*ondo", "*p*ensamento", "*p*lácidas" e "*p*assando"; "*ami*ga" e "*a*dormecida"), que também colaboram na formação do ritmo. Há um jogo sofisticado que exige, para o seu bom funcionamento, grande domínio de técnicas tradicionais de composição, ainda mais por empreender a atualização de formas clássicas.

O mesmo observamos no "Soneto de carta e mensagem", onde os versos têm dezesseis sílabas métricas e não há qualquer esquema de rimas. Vinicius pareceu valorizar, nesse sentido, o fato de tratar-se não apenas de um poema, mas também de "carta e mensagem", empenhando-se consequentemente na mistura de gêneros. Logo, privilegiou o desenvolvimento de uma linguagem mais prosaica, acolhida pela unidade métrica mais extensa, sem recorrer também a aliterações e assonâncias, muito próprias da poesia. Observa-se uma busca de verossimilhança nas técnicas selecionadas, em que se destacam a fluência e certas marcas muito comuns da epistolografia, como os vocativos, que ainda auxiliam na configuração da sentimentalidade. Parte dessa verossimilhança foi conquistada por meio do uso das aspas que acompanham todas as estrofes desse soneto, sugerindo uma "tradução" *ipsis litteris* do conteúdo da carta para a estrutura em versos.

Já é mais do que perceptível que a decisão acerca da forma dos sonetos é estabelecida por meio dos seus conteúdos. Estes parecem motivar no poeta a seleção de técnicas que ao mesmo tempo mantêm um diálogo com a tradição e subvertem certos princípios consagrados à procura de maior autenticidade e expressividade. Há todo um processo de atualização das formas clássicas, reproduzindo um movimento muito característico da poética de Manuel Bandeira, que, sem qualquer dúvida, sobrenada como influência determinante nesse livro de transição.

Por outro lado é necessário reconsiderar duas questões frequentes na fortuna crítica sobre a lírica viniciana. A inspiração a que o poeta havia se filiado no preâmbulo d'*O caminho para a distância* se torna mais importante na configuração de uma *persona* do que na concepção de seus versos, onde foi depositado alto teor construtivo e apreciável domínio de técnicas de criação. E classificá-lo como autor tradicionalista, em comparação com o modernismo paulista dos anos 1920, revela incompreensão em torno de seu projeto literário e desatenção para com *outros* modernismos, como o de Cecília Meireles e sobretudo o de Manuel Bandeira.*

Em poemas como "Amor nos três pavimentos", "A mulher que passa" e "Lamento ouvido não sei onde", a influência da poética bandeiriana pode ser facilmente constatada. É nas transformações sofridas no desenvolvimento da temática amorosa que a sua presença se revela incontestável, bem como no aproveitamento de fatos linguísticos do português falado no Brasil.

O amor transcendental dos livros iniciais veio a ser substituído, em "Amor nos três pavimentos" e "A mulher que passa",

---

* Cf. Antonio Carlos Secchin, "Os caminhos de uma estreia", em *O caminho para a distância*, ed. cit., pp. 75-6.

por um sentimento mais natural, em que o desejo se torna mais físico e terno, ligado ao cotidiano, bem à moda de "Estrela da manhã", do livro homônimo de Manuel Bandeira publicado em 1936. O desespero se escoa e o humor ganha força, conforme a segunda estrofe de "Amor nos três pavimentos", onde também se destaca o uso do verso livre de grande fluidez e leveza, uma das marcas mais admiradas da lírica do poeta de "Pasárgada":

> Você querendo, você me pede, um brinco, um namorado
> Que eu te arranjo logo.
> Você quer fazer verso? É tão simples!... você assina
> Ninguém vai saber.
> Se você me pedir, eu trabalho dobrado
> Só pra te agradar.

A mulher também vai ser observada a partir de uma perspectiva mais complexa, que lhe confere o paradoxo da pureza e da devassidão, como no fechamento de "A mulher que passa":

> Meu Deus, eu quero, quero depressa
> A minha amada mulher que passa!
>
> Que fica e passa, que pacifica
> Que é tanto pura como devassa
> Que boia leve como a cortiça
> E tem raízes como a fumaça.

Já o "Lamento ouvido não sei onde" adota o português do Brasil, transpondo-o para a linguagem poética por meio da redondilha maior, que é o verso mais popular da lírica de língua portuguesa. Vinicius conquista, desse modo, perfeita adequação e naturalidade entre o que há de singular na língua falada e a forma do poema. Tais marcas particulares do português do Brasil encontram-se no uso do "não zanga", "assim", do "não" e "nunca" quase justapostos, do "nem carece" e "pra":

Minha mãe, toma cuidado
Não zanga assim com meu pai
Um dia ele vai-se embora
E não volta nunca mais.

O mau filho à casa torna
Mãe... nem carece tornar
Mas pai que larga a família
Pra que desgraça não vai!

Em relação aos *Novos poemas*, é da maior importância observar, por fim, que ao lado da ternura há imagens violentas, em que o poeta se valeu da desierarquização das palavras, uma das características mais salientes da lírica moderna. Acerca disso, escreveu Otávio de Faria a Vinicius de Moraes na carta de 12 de outubro de 1938:

> Seu livro tem sido muito discutido. Em geral, a direita estranhou e muitos torceram o nariz. A esquerda aplaudiu, por causa das "ousadias". Fala-se muito na "pornografia" do livro. Houve mesmo um bestalhão (me dizem: Osório Borba, não sei ao certo...) que escreveu que "o sr. Tatá [Otávio] não gostou do livro do sr. Vinicius por causa dos palavrões"...[*]

Na "Balada feroz", os touros carregam "nos chifres virgens nuas para o estupro nas montanhas"; há o "leito cru dos sádicos, dos histéricos, dos masturbados", enquanto a lua escorre "lentamente pelo ventre das menstruadas". O tom grandiloquente e imperativo dos versos ganha ainda mais tensão com o uso de palavras do vocabulário científico ou escatológicas, quando sua poesia ganha feições simbolistas:

---

[*] Cf. Arquivo Vinicius de Moraes, Arquivo-Museu de Literatura Brasileira da Fundação Casa de Rui Barbosa.

Lança o teu poema inocente sobre o rio venéreo engolindo
[as cidades
Sobre os casebres onde os escorpiões se matam à visão dos
[amores miseráveis
Deita a tua alma sobre a podridão das latrinas e das fossas
Por onde passou a miséria da condição dos escravos e dos gênios.

Dança, ó desvairado! Dança pelos campos aos rinchos
[dolorosos das éguas parindo
Mergulha a algidez deste lago onde os nenúfares apodrecem
[e onde a água floresce em miasmas
Fende o fundo viscoso e espreme com tuas fortes mãos
[a carne flácida das medusas
E com teu sorriso inexcedível surge como um deus amarelo
[da imunda pomada.

É fundamental ler a obra de Vinicius de Moraes levando em consideração o sentido histórico, que — tomando de empréstimo algumas palavras do ensaio "Tradição e talento individual", de T.S. Eliot — "compreende uma percepção não só do passado mas da sua presença". Ele analisa nesse texto que a tradição não é "herdada", mas "tem de ser obtida com árduo labor". Ao escrever, um jovem poeta não carrega consigo apenas sua geração, mas todo um legado cultural que vai ser ajustado às motivações do tempo presente.*

A relação entre o velho e o novo é um dos pontos de grande destaque em *Cinco elegias*. Vinicius empreendeu nesse livro a experimentação mais radical de sua poética, mas também se manteve ligado à tradição por meio da elegia e da intertextualidade. Sua forma clássica, constituída de versos hexâmetros e pentâmetros alternados, combinados em estro-

---

* ELIOT, T.S. "Tradição e talento individual". *Ensaios de doutrina crítica*. 2ª ed. Traduzidos com a colaboração de Fernando Mello Moser. Prefácio, seleção e notas de J. Monteiro Grillo. Lisboa: Guimarães Editores, 1997, pp. 22-3.

fes de dois versos, com prevalência de tom lamentoso, foi, no entanto, subvertida.

É de especial interesse para o início de uma apreciação desse volume observar questões explicitadas no preâmbulo. Afirma então o autor que as quatro primeiras elegias "foram ideadas e em parte escritas — a primeira e a segunda integralmente — em 1937, em Itatiaia, no sítio de Otávio de Faria, ali a meio caminho entre Campo Belo e a Cachoeira de Marombas", um lugar que Vinicius declara ter amado e onde passou alguns dos seus "melhores dias". Revela-se portanto a existência de um projeto que antecede a escritura dos poemas, bem como o tempo diverso de fatura: as duas elegias iniciais foram escritas de todo durante sua estada no sítio de Otávio de Faria, enquanto a terceira e a quarta exigiram elaboração mais decantada, uma das quais parece ainda instável, o "Intermédio elegíaco", com que o escritor continuava "lidando" na altura em que redigiu o preâmbulo, em junho de 1943. Por fim, explica que a última foi concebida "de jato", em maio de 1939, quando se encontrava em Londres, ao ver do seu apartamento "a manhã nascer sobre os telhados novos do bairro de Chelsea". A "qualidade da experiência vivida" e o lugar onde a viveu "criaram-lhe espontaneamente a linguagem em que se formou, mistura de português e inglês, com vocábulos muitas vezes inventados e sem chave morfológica possível".

Vinicius não apenas destaca as diferenças ligadas à criação dos poemas, mas também mostra o intento consciente de relacioná-las a momentos de sua vida e a experiências vividas com intensidade, lançando-se mais atentamente a considerações sobre a elegia que encerra o livro, sua "maior aventura lírica". Embora planejadas, as *Cinco elegias* sofreram interferências do acaso, o que revela a inspiração em estado bruto, ou seja, um processo mediante o qual o poeta era liberado a ter acesso a improvisações inovadoras. Logo, acentuam-se aí as relações entre *vida e poesia*, conjunção que já servira de título a um dos textos de *Novos poemas*. Acerca da última elegia, é ainda da maior importância a referência às "sonoridades estanques de duas línguas", com "arranjos gráficos [...] de ordem puramente mnemônica", o que foi muito bem classificado por Dalma Nascimento como um procedimento verbivocovisual.*

A composição das elegias, principalmente da última, é relevante pelas suas inovações. Parte de sua poesia foi extraída da mistura de elementos das línguas inglesa e portuguesa, tanto na sua estrutura morfológica quanto sintática. Por meio disso Vinicius de Moraes alcançou a perturbação da linguagem, com significações inusitadas que apresentam um sintoma nuclear da lírica moderna, sua "maneira enigmática e obscura".** Não à toa Manuel Bandeira avaliou em sua resenha sobre o quinto livro de Vinicius de Moraes: "Naturalmente, estas cinco elegias vão escandalizar muita gente (a ausência de poesia em certas pessoas dá pena). Vai haver choro e ranger de dentes. Não são elegias aliás: são elégias. Coisa alóvena, ebaente", usando neologismos da própria obra analisada.

O estranhamento do leitor já pode ser despertado ao esbarrar com o título do primeiro poema, "Elegia quase uma ode", onde estão agrupadas formas cujos tons são originalmente opostos, pois uma evoca o canto lutuoso, enquanto a outra pretende se desenvolver como celebração. Desse modo, Vinicius de Moraes parece ter se concentrado na criação de versos que estabelecessem a tensão entre os movimentos de perda e ganho, tão característicos de qualquer percurso existencial. Trata-se de uma perspectiva evidente já no primeiro verso, "Meu sonho, eu te perdi; tornei-me em homem", em que ilusão e inocência foram perdidas, embora no fim do poema o sujeito se classifique como homem-menino. Os movimentos de perda e ganho surgem também formalmente,

---

* NASCIMENTO, Dalma. "O teorema poético de Vinicius de Moraes". Tese de doutorado, UFRJ, 1984, p. 197.
** A expressão é de Hugo Friedrich, em seu livro *Estrutura da lírica moderna: da metade do século XIX a meados do século XX* (São Paulo: Duas Cidades, 1978), p. 15.

uma vez que o poema não é elegia nem ode, mas alguma coisa indefinida, oscilante, de forte instabilidade.

A instabilidade formal casa perfeitamente com o sentimento de inadequação do sujeito em relação ao mundo, que diante da infância perdida se revela marcado de angústias e sentimentos contraditórios. O sofrimento vê-se ressaltado pelo eu lírico, mas também sofre represálias da autoironia. É um perfil semelhante ao *gauche* drummondiano, mas que acredita numa redenção por meio da poesia.

O mesmo clima de indefinição é encontrado na "Elegia lírica". Os neologismos "alóvena" e "ebaente" são exemplares da instabilidade dos sentidos do poema, embora o que há de musical em tais palavras colabore com a formação do significado, aproximando-as do conceito de melopeia discutido por Ezra Pound.* O som dessas palavras e de alguns versos, contudo, absorve o leitor e alcança grande relevo na estrutura do poema, o que talvez seja esclarecedor para a compreensão do seu título, pois o lirismo se define pela subjetividade e também por seus efeitos musicais, dois atributos bastante presentes. A subjetividade nasce sobretudo do encadeamento de imagens, que descrevem e dão corpo ao desejo do sujeito poético, embora sua corporificação não represente necessariamente a possibilidade de o leitor satisfazer-se com um sentido. De certa maneira, tudo parece revelar a impossibilidade de o *eu* conceber com racionalidade o amor, a angústia e o medo motivados pelo desejo que irrompe sob formas diversas (em versos curtos e longos, misturados numa mesma estrofe, e até mesmo em prosa), quase sempre investidas de ternura. Na sua última parte, no entanto, há o reconhecimento do fracasso das estratégias criativas da "Elegia lírica". É um belo embate à procura de maior fidelidade na representação de suas emoções:

---

* POUND, Ezra. *ABC da literatura*. 9ª ed. Organização e apresentação de Augusto de Campos. Tradução de Augusto de Campos e José Paulo Paes. São Paulo: Cultrix, 1990, p. 41.

> Sinto que ainda estou longe de tudo
> Que talvez fosse melhor cantar um *blues*
> *Yes*!

Diante disso e do seu amor que "diz frases temíveis", incompreensíveis, o que resta? A resposta é dolorosa: "amar tragicamente", o que abre espaço para o surgimento da "Elegia desesperada", composta de duas partes, a segunda delas com o subtítulo "(O desespero da piedade)".

Ressaltam entre as duas partes as diferenças de tom — na primeira, a angústia e a solidão têm papel dominante, enquanto na segunda, como deixa bem claro seu subtítulo, prevalece a compaixão pelo sofrimento alheio, quando os versos se aproximam da vida cotidiana e de uma linguagem realista. Se a primeira parte foi composta de imagens que evidenciam a monstruosidade proveniente do egocentrismo, a segunda não se limita ao indivíduo, mas contempla a totalidade por meio da reunião de elementos opositivos, como os "pobres que enriqueceram" e os "ricos que empobreceram".

O foco será deslocado da interioridade em direção a distintos personagens que compõem um quadro urbano. A piedade é evocada como numa oração, espalhando-se sobre os que "andam de bonde" ou de "automóvel"; as "pequenas famílias suburbanas", com seus "adolescentes que se embebedam de domingos"; o "mocinho franzino" e também o "impávido forte colosso do esporte"; "músicos dos cafés e casas de chá", entre outros. Com tal mudança de perspectiva, Vinicius também empreendeu a transformação do ritmo do poema, que se torna mais fluido, agindo como uma câmera a deslocar-se pela cidade. O sujeito lírico parece, na segunda parte, lançar-se ao outro como quem busca também piedade por causa de sua autorreferencialidade, que vigorava de "Elegia quase uma ode" até a primeira parte de "Elegia desesperada".

Da compaixão social, Vinicius de Moraes desloca seu livro para o intimismo da "Elegia ao primeiro amigo", mostrando outra forma de amor e ternura. Faz considerações sobre a vida do amigo, a relação entre o amigo e a namorada, o medo de perdê-lo, que é constante e até unifica os versos desse poema. A revelação da intimidade pode ser encontrada não apenas nas confissões, mas também em fatos vagamente referenciados, opacos para o leitor, mas importantes para criar o estatuto de cumplicidade entre o sujeito poético e o amigo. A cumplicidade está atrelada sobretudo a suas rememorações, aos fatos passados que ambos compartilharam e que, por isso, não requerem detalhamento.

É nessas rememorações que se mostra a pureza perdida com o amor carnal, determinante na composição da figura da mulher: ela se torna partícipe ou até mesmo agente da corrupção do homem. Sobressalta então a figura da mulher como vilã e do homem como vítima, para em seguida o eu lírico lançar-se à culpa e a um estado de tensão derivado do mundo perdido. Há um choque igualmente percebido na transformação interna empreendida na "Elegia desesperada": o tom melancólico será substituído pela ironia e pela mordacidade. O passado fica para trás e o sujeito se vê como um "ser feroz e fratricida", mas, ao mesmo tempo, se acentua a sua fragilidade diante da mulher.

Em "A última elegia", a "maior aventura lírica" de Vinicius de Moraes, novos elementos foram inseridos na fatura dos versos. O poema já se inicia a partir do uso de letras que representam graficamente os telhados de Chelsea, procedimento que seria adotado e consagrado, na década seguinte, pelo concretismo. Desse modo, Vinicius reproduziu na abertura de sua última elegia a mesma imagem que viu em maio de 1939, quando a manhã pôs em destaque os telhados do bairro londrino, o que ativou, com impulsividade, a criação do poema, transferindo portanto ao leitor a relação entre vida e poesia.

Abaixo, há expressões em inglês, português e latim (e adiante o poeta vai se valer do alemão), bem como neologismos que exigem decodificação. Além dessa liberdade linguística e morfológica, alguns versos se desapegam da margem, o que é um procedimento frequentemente usado em todo o poema:

> Greenish, newish roofs of Chelsea
> Onde, merencórios, toutinegram rouxinóis
> Forlornando baladas para nunca mais!
> Ó imortal landscape
>   no anticlímax da aurora!
>   ô joy for ever!
> Na hora da nossa morte et nunc et semper
> Na minha vida em lágrimas!

Em seguida, o próprio conceito de verso é desconstruído por meio da possibilidade de leitura vertical do poema, quando Vinicius buscou reproduzir espacialmente suas fugas amorosas da Universidade de Oxford. Como as leis universitárias o impediam de se casar, três vezes por semana escapava furtivamente para encontrar sua primeira mulher, Tati, em Londres: "E a fuga era a coisa mais terrível e dramática possível, porque tinha que descer do meu estúdio, que ficava no terceiro andar, por uns canos que ficavam fora do edifício".*

Daí é possível compreender as perguntas que o sujeito lírico se faz: "Am I a Spider?/ Am I a Mirror?/ Am I an X Ray?", em que cada verso se liga a um dos andares do edifício. Também fica explícita a relação entre vida e poesia já anunciada no preâmbulo das *Cinco elegias*. Contudo, mesmo com esclarecimentos do autor, há enigmas que permanecem, requerendo dos leitores questionamentos incessantes e a necessidade de se colocarem sob a mesma insegurança do risco que o poeta sentia (da escalada e da aventura amorosa). Trata-se de

---

* Cf. CRAVO ALBIM, Ricardo; RANGEL, Lúcio; RESENDE, Otto Lara; VIANNY, Alex. "Depoimento para o MIS". In MORAES, Vinicius de. *Vinicius de Moraes: encontros*. Organização de Sergio Cohn e Simone Campos. Rio de Janeiro: Beco do Azougue, 2007, pp. 93-100.

uma instabilidade representada tanto pelo trabalho gráfico quanto pelos neologismos e misturas de idiomas. Nesse sentido, os versos apresentam imensa mobilidade em todos os níveis da criação: espacial, morfológico e sintático.

De igual importância é o trabalho intertextual elaborado nesse poema. Maria Elinete Taurino Guedes esclarece que existem alusões ao poema "Ode to a nightingale", de John Keats, escritor romântico inglês a que Vinicius também faz menção na carta de 24 de janeiro de 1939, escrita em Oxford, a Rosita e Thiers Martins Moreira.* Há referência a rouxinóis; o uso da palavra *forlorn*, aportuguesada para "forlornando"; e a citação de parte de um verso de Keats, "Darkling I listen".** No fim da parte inicial do poema, encontra-se "Beátrix", neologismo relacionado à mulher de Vinicius, Beatriz (a Tati), mas também uma provável referência à Beatriz da *Divina comédia*, de Dante Alighieri, que se torna muito pertinente à aventura que nessa elegia empreende em busca da mulher amada. Na segunda parte, os versos "'I don't fear anything/ But the ghost of Oscar Wilde'" estão em diálogo com o conto "The Canterville Ghost" desse escritor inglês.***

Vinicius de Moraes também recorreu aos clássicos como uma das vias de acesso à reformulação da linguagem poética, o que, por sua vez, leva ao reconhecimento da importância da tradição para formar a modernidade de sua poesia. Trata-se de um movimento criativo exemplar da beleza lírica viniciana, em que há distintos graus de relação com o passado mediante um inquestionável domínio técnico. Embora livros de

---

* Arquivo Thiers Martins Moreira, Arquivo-Museu de Literatura Brasileira da Fundação Casa de Rui Barbosa.
** Cf. o indispensável estudo de Maria Elinete Taurino Guedes, "'A última elegia' by Vinicius de Moraes: a linguistic analysis of a bilingual poem", dissertação de mestrado, UFPB, 1983, p. 55.
*** A análise aqui desenvolvida deste livro de Vinicius de Moraes pode ser aprofundada através da leitura de "*Cinco elegias*: transformações", dissertação de mestrado de Natalia Cordoniz Klussmann, defendida na UFRJ em 2009.

transição, *Novos poemas* e *Cinco elegias* são primorosos e por si mesmos justificam a inserção de Vinicius de Moraes entre os mais notáveis escritores da literatura brasileira.

ARQUIVO

BELO, FORTE, JOVEM*
(12-III-939)
MÁRIO DE ANDRADE

No "Poema para todas as mulheres", Vinicius de Moraes clama, sem nenhuma solicitude por todos nós, veteranos:

> Homem sou belo
> Macho sou forte, poeta sou altíssimo
> E só a pureza me ama e ela é em mim uma cidade e tem mil
> [e uma portas.

Tudo isso é bastante verdade, apenas com algum exagero quanto ao "altíssimo", exagero que deriva de uma outra qualidade do poeta, que ele esqueceu nessa orgulhosa enumeração: a juventude. Com toda a sinceridade não o considero ainda o "altíssimo poeta", no grave sentido dantesco dessas palavras, mas confesso gostosamente que Vinicius de Moraes aspira à poesia altíssima, e já tem produzido alguns poemas que são de elevada poesia.

Os *Novos poemas*, que nos deu nos últimos dias do ano passado, são o seu quarto volume de poesia em cinco anos, e o melhor de todos. Não o mais ordenado porém. Pelo contrário, é bastante irregular e desequilibrado, e onde estão os piores e os melhores versos do poeta. Desapareceu aquela firmeza dos livros anteriores e aquela personalidade entregue que, conhecido um poema, não nos preocupava mais, reconhecia em todos.

Porém, a personalidade demonstrada por Vinicius de Moraes nos livros anteriores era, se não falsa, pelo menos bastante reorganizada por preconceitos adquiridos. Era uma personalidade que se retratava pela doutrina estética adotada, muito

---

* Publicado em *O empalhador de passarinho*, de Mário de Andrade, 2ª ed., São paulo: Livraria Martins Fontes Editora, 1995, pp.15-21.

mais que uma real personalidade, vinda de fatalidades anteriores. O que há de admirável no poeta é justamente, em plena mocidade, ter conseguido autocrítica bastante pra reconhecer o descaminhamento, ou melhor, o perigo em que estava, e tentar se enriquecer de mais profunda, mais humana, mais pessoal realidade. Estes *Novos poemas* são assim um esforço muito perceptível do poeta pra se justificar mais alargadamente. Nada mais daquela tese de estandarte, que valia, ou procurava valer muito mais para beleza de suas cores que pela ação da própria poesia. Esse fora o maior engano de Vinicius de Moraes, engano derivado em máxima parte, se não exclusivamente, da crítica e da visão muito honestas mas estreitamente doutrinárias dessa curiosíssima figura intelectual que é Otávio de Faria. Otávio de Faria chegou mesmo a escrever, sobre Vinicius de Moraes e esse outro admirável poeta que é Augusto Frederico Schmidt, um livro todo, em que, no vagalhão de certas verdades essenciais utilíssimas, borbulhava uma espumarada de opiniões críticas defeituosas, falsificadora visão da realidade poética.

Ora, Vinicius de Moraes estava pra ser vítima dessa prisão de grandeza em que o enfermara o seu mais alargado crítico, mas felizmente teve saúde bastante pra se limitar nos compromissos. Sem rejeitar tudo, pois que havia muito de nobre e verdadeiro nas doutrinas de Otávio de Faria, abriu, porém, o coração, dantes tranquilo, às influências do outro lado e às pesquisas. E aos instintos também. Disso derivou o livro de agora, que, num país de maior clarividência intelectual, teria feito mais ruído.

A uma influência nova muito grande, e no caso fecunda, Vinicius de Moraes se entregou: à da poética de Manuel Bandeira. Com isso, um sopro novo de vida real e de maior objetividade veio colorir aquele hermetismo um bocado exangue que havia dantes, e no meio do qual, aliás, o poeta já conseguira dar mostra da sua esplêndida qualidade lírica.

Mas a influência de uma poesia tão marcadamente pessoal como a de Manuel Bandeira não deixa de ter seus perigos. O perigo transparece de fato, como na primeira estância do poema "Amor nos três pavimentos", que chega a limitar a mais dolorosa invenção contida no poema já famoso "Estrela da manhã":

> Eu não sei tocar, mas se você pedir
> Eu toco violino fagote trombone saxofone.
> Eu não sei cantar, mas se você pedir
> Dou um beijo na lua, bebo mel himeto
> Pra cantar melhor.
> Se você pedir eu mato o papa, eu tomo cicuta
> Eu faço tudo que você quiser.

Também na "Balada para Maria" há trechos que se diriam escritos por Manuel Bandeira. E certos preciosismos gramaticais e verbais de Manuel Bandeira, que talvez lhe venham de amizades invejáveis com alguns ilustres filólogos, transparecem agora, inesperadamente, em Vinicius de Moraes. A "Ária para assovio", sem copiar, na realidade pertence às poesias pré-modernistas do grande poeta do *Carnaval*. Da mesma forma, o encantador "Soneto a Katherine Mansfield", dir-se-ia uma das traduções de sonetos ingleses, de palavras meticulosas, feitas por Manuel Bandeira. Mas a influência espiritual deste poeta, no geral benéfica, deu também ao poeta novo uma das suas mais comoventes criações, o lindíssimo poema do "Falso mendigo".

Aliás, de passagem, quero salientar um pouco o preciosismo em que insiste, talvez desatentamente, Vinicius de Moraes. Talvez não seja diamante de boa água dizer "Que passa, e fica, que pacifica", e em principal abusar das antíteses, cheirosamente fáceis. Estas não são em pequeno número, infelizmente. Eis algumas:

> Tu trazes alegria à vida, ó Morte, deusa humílima!

> Amo-te como se ama todo o bem
> Que o grande mal da vida traz consigo.

Que te perdia se me encontravas
E me encontrava se te perdias?

Aquela em cujos braços vou caminhando para a morte
Mas em cujos braços somente tenho vida?

Pelo ardor com que estávamos unidos
Nós que andávamos sempre separados.

Sei que uma vez por outra semelhantes antíteses vivem, mas sua sistematização me parece abusiva.

Principalmente num poeta que repôs o artesanato francamente como uma das necessidades da sua poesia atual. Eis um ótimo sintoma destes *Novos poemas*. Até agora, Vinicius de Moraes usara e abusara, como estão fazendo todos os moços, do ritmo livre, principalmente do verso de feição bíblica, longo e impessoal. Ora, eis justamente um dos perigos, uma das facilidades da poesia moça do Brasil. Não se trata absolutamente mais do verso livre, que é dificílimo, e quando não utilizado por figuras de real personalidade como um Carlos Drummond de Andrade, um Augusto Meyer, ou um Murilo Mendes, se torna baço, prosaico, desfibrado, sem caráter. Mas poetas altos, como Augusto Frederico Schmidt e Jorge de Lima, bons poetas mas menos bons artistas, tinham posto em circulação e salientado toda a facilidade cadencial do verso longo, à feição do versículo bíblico.

Isso, a nossa mocidade toda, apressadíssima e desleixada, foi-lhe atrás, com raras exceções. E o verso deles vai perdendo, em caráter e riqueza rítmica, o que vai ganhando em banalidade de fácil ondulação. Neste sentido, acho mesmo que as novas gerações vão bem mal quanto à poesia. Desapareceram os artistas do verso, e o que é pior, poesia virou inspiração. Uma rapaziada ignorantíssima da arte e da linguagem, sem a menor preocupação de adquirir um real direito de expressão literária das ideias e dos sentimentos, se agarrou à lenga-lenga das compridezas, que, se era uma necessidade expressiva pra os que lançaram entre nós o versículo bíblico (ou claudeliano, se quiserem), não representa, para aqueles, a menor necessidade, a menor fatalidade lírica. Representa, pura e simplesmente, um processo de não se preocupar com a arte de fazer versos. Neste sentido, quase todos os nossos poetas novos, e alguns veteranos, são uns desonestos. Ora, a poesia é uma arte também, e isso de cantar como sabiá só fica bem para os sabiás do mato. Aliás, não deveria lembrar o sabiá, que é um grande lírico, mas citar apenas qualquer um dos pássaros imitadores do canto alheio — que outra coisa não fazem, quanto à feitura do verso, os nossos poetas novos.

Vinicius de Moraes, com os *Novos poemas*, fez um grande e bem-sucedido esforço pra se tornar também artista. O soneto, por exemplo, que poucos, entre os nossos poetas realmente vivos, não tinham abandonado, ele o retoma como uma necessidade do seu dizer. Chega mesmo a preciosismos de composição, como o menos feliz "Soneto simples", que ora rima ora não, traz tercetos adiante das quadras, e vem exposto à maneira de prosa.

Só há de mais apreciável, na técnica dessa obrinha, a deliciosa invenção de, no decorrer dos decassílabos, não contar às vezes certos monossílabos, como se dá com "na" e "foi" dentro da última quadra.

O livro tem uma série de interessantíssimos sonetos. Alguns são da milhor (*sic*) qualidade sonetística, como "Soneto à lua", o "Contrição", o "Devoção" e outros ainda. No último citado, se percebe no poeta um certo quê português, de tradição portuguesa, que não lhe fica mal e é saboroso. Creio mesmo que o sumarento "Soneto de intimidade" é um pequeno engano de forma, temático em demasia pra soneto de boa tradição. Imagino que dessa delícia descritiva Cesário Verde teria feito, mais razoavelmente, quatro quadras.

Aliás, sob o ponto de vista da delicadeza conceitual do soneto, também o de "Agosto" me parece um grande engano parnasiano. Olavo Bilac não o teria feito pior, com a exposição das ideias sistematicamente de dois em dois versos, com a brutal antítese do último verso, que, ainda por cima, não passa de um violento e barulhento verso de ouro, um enorme engano. Vinicius de Moraes ainda está hesitante quanto a conceito e forma do soneto, mas já nos deu quatro ou cinco deles, que são dos bons sonetos do Brasil.

Mas o erro que denunciei por último deve derivar de uma causa mais profunda, a poderosa sensualidade que domina toda a poesia do poeta. Sensualidade que nem sempre se apresenta bastante artista, é de uma rudeza braba, e faz o poeta não hesitar diante de coisa alguma. Que não hesitasse diante das fatalidades necessárias, que são as mais numerosas, estou perfeitamente de acordo, mas não posso concordar com as notas de mau gosto tais como a do soneto citado, e a brincadeira sem o menor interesse essencial que termina o "Amor nos três pavimentos". Grande poema neste sentido é a "Viagem à sombra", absolutamente admirável, onde a sensualidade do poeta se mostra mais equilibrada em sua violência solta, que não hesita diante de qualquer palavra. Aqui também não hesitou, mas por felicidade nossa não surgiram as palavras que às mais das vezes ferem inutilmente. E foi a felicidade.

Creio que Vinicius de Moraes tem que tomar bastante cuidado pra, na maior largueza de sua visão poética de agora, não esquecer aquela boa lição, tanto insistida por Otávio de Faria, que é a busca do essencial. Aliás, ainda aqui, temos que nos entender: acho que o essencial, em poesia, não é o Amor, a Vida, Deus, e outras maiúsculas, mas a própria poesia, a indefinível poesia, que faz a "Canção do exílio", de Gonçalves Dias, como o "Pingo de água", de Ribeiro Couto, serem igualmente essenciais. Haverá sempre o essencial mesmo na poesia que, integralmente poética, trate do rabo do gato. Havia nos livros anteriores do poeta uma nebulosidade, às vezes esotérica, que lhe vinha da bandeira estética. Se às vezes a dificuldade ou impossibilidade de compreender logicamente ainda permanece em vários dos poemas atuais, o esoterismo desapareceu, felizmente. Sobrará talvez apenas na segunda página da "Invocação à mulher única", menos originado, aliás, de um credo estético, que de uma tal ou qual necessidade de explicar, a que o poeta se entregou diante do seu atual e curiosíssimo emprego simultâneo de diversos modos diferentes de pensar.

Esta será talvez a maior contribuição de Vinicius de Moraes com os *Novos poemas*. Nas poesias não regidas pelo pensamento lógico, manifesta-se uma admirável liberdade de processos de pensar, em que a associação de imagens, a de ideias, as constelações de imagens e de ideias, o juízo perfeitamente concluído, as obsessões, os símbolos, os recalques e suas transferências, se entressacham, se conjugam, se corrompem mutuamente, se auxiliam, para o estabelecimento de uma linguagem de poesia de extraordinária riqueza e lirismo. Talvez eu volte a lhe analisar a feitura espiritual de qualquer poema... Uma das milhores (*sic*) coisas neste gênero é a "Balada feroz", esplêndida, amarga, entusiástica imploração sobre o destino e a finalidade do poeta.

O destino do Poeta e da Poesia, neste período de mudança e de pesquisa que o livro revela, é mesmo uma das dominantes do poeta, sendo a outra o problema da virilidade. Do problema da poesia decorrem vários poemas, como ainda "O mágico" e "O falso mendigo", e várias estâncias, como o final da "Invocação à mulher única", a terceira estância da "Máscara da noite" e este lindo passo de que cito apenas a segunda estância pra não me alongar demais:

> Qual é o meu ideal senão fazer do céu poderoso a Língua
> Da nuvem a Palavra imortal cheia de segredo
> E do fundo do inferno delirantemente proclamá-los
> Em Poesia que se derrame como sol ou como chuva?

Mais duas estâncias esplêndidas, verdadeira "iluminação" sobre o convívio e a entidade de Deus, terminam esse poema, que não me parece todo de igual atitude.

Das obsessões, quero lembrar apenas as que mais me chamaram a atenção: a coreografia (pgs. 18, 22, 25, 28, 62, 72) e um tal ou qual infantilismo, no geral manifestado pela necessidade de presença ou de carinho da mãe (pgs. 32, 29, "Lamento ouvido não sei onde", 95, 96, 99).

Vinicius de Moraes, com estes importantes *Novos poemas*, firma, creio que definitivamente, o seu lugar entre os grandes poetas do Brasil contemporâneo. E ainda não citei alguns dos mais belos poemas do livro, como "A máscara da noite", "Vida e poesia", "A brusca poesia da mulher amada", "Solilóquio", e a deliciosa "Ternura".

É possível que, pela irregularidade do livro, se possa concluir que o poeta está num período de transição. Mais que isso, porém, o que interessa especialmente é salientar a qualidade eminentemente poética de todo o livro, aquela qualidade em que, da parte do sentimento, a arte se equilibra com a ciência: a procura da definição das coisas. Esta inquietação domina agora todo o livro, e de maneira atraentíssima, depois que o poeta abandonou aquela calma interior que lhe derivava de uma um pouco simplória estética. Estética que era provavelmente de combate, como são as dos moços. O poeta ganhou em humanidade e em humildade o que perdeu de verdade preconcebida. O que me parece um passo enorme para... só pra a própria grandeza não, mas para a poesia.

CRONOLOGIA

1913 Nasce Vinicius de Moraes, em 19 de outubro, no bairro da Gávea, Rio de Janeiro, filho de Lydia Cruz de Moraes e Clodoaldo Pereira da Silva Moraes.

1916 A família muda-se para Botafogo, e Vinicius passa a residir com os avós paternos.

1922 Seus pais e os irmãos transferem-se para a ilha do Governador, onde Vinicius constantemente passa suas férias.

1924 Inicia o curso secundário no Colégio Santo Inácio, em Botafogo.

1928 Compõe, com Haroldo e Paulo Tapajós, respectivamente, os foxes "Loura ou morena" e "Canção da noite", gravados pelos Irmãos Tapajós em 1932.

1929 Bacharela-se em letras, no Santo Inácio. Sua família muda-se para a casa contígua àquela onde nasceu o poeta, na rua Lopes Quintas.

1930 Entra para a Faculdade de Direito da rua do Catete.

1933 Forma-se em direito e termina o Curso de Oficial de Reserva. Estimulado por Otávio de Faria, publica seu primeiro livro, *O caminho para a distância,* na Schmidt Editora.

1935 Publica *Forma e exegese,* com o qual ganha o Prêmio Felipe d'Oliveira.

1936 Publica, em separata, o poema *Ariana, a mulher.*

1938 Publica *Novos poemas.* É agraciado com a bolsa do Conselho Britânico para estudar língua e literatura inglesas na Universidade de Oxford (Magdalen College), para onde parte em agosto do mesmo ano. Trabalha como assistente do programa brasileiro da BBC.

1939 Casa-se, por procuração, com Beatriz Azevedo de Mello. Regressa da Inglaterra em fins do mesmo ano, devido à eclosão da Segunda Grande Guerra.

1940 Nasce sua primeira filha, Susana. Passa longa temporada em São Paulo.

1941 Começa a escrever críticas de cinema para o jornal *A Manhã* e colabora no "Suplemento Literário".

1942 Nasce seu filho, Pedro. Faz uma extensa viagem ao Nordeste do Brasil acompanhando o escritor americano Waldo Frank.

1943 Publica *Cinco elegias*. Ingressa, por concurso, na carreira diplomática.

1944 Dirige o "Suplemento Literário" d'*O Jornal*.

1946 Parte para Los Angeles, como vice-cônsul, em seu primeiro posto diplomático. Publica *Poemas, sonetos e baladas* (372 exemplares, com ilustrações de Carlos Leão).

1947 Estuda cinema com Orson Welles e Gregg Toland. Lança, com Alex Viany, a revista *Filme*.

1949 Publica *Pátria minha* (tiragem de cinquenta exemplares, em prensa manual, por João Cabral de Melo Neto, em Barcelona).

1950 Morre seu pai. Retorna ao Brasil.

1951 Casa-se com Lila Bôscoli. Colabora no jornal *Última Hora* como cronista diário e, posteriormente, como crítico de cinema.

1953 Nasce sua filha Georgiana. Colabora no tabloide semanário "Flan", de *Última Hora*. Edição francesa das *Cinq élégies*, nas edições Seghers. Escreve crônicas diárias para o jornal *A Vanguarda*. Segue para Paris como segundo-secretário da embaixada brasileira.

1954 Publica *Antologia poética*. A revista *Anhembi* edita sua peça *Orfeu da Conceição*, premiada no concurso de teatro do IV Centenário da cidade de São Paulo.

1955 Compõe, em Paris, uma série de canções de câmara com o maestro Claudio Santoro. Trabalha, para o produtor Sasha Gordine, no roteiro do filme *Orfeu negro*.

1956 Volta ao Brasil em gozo de licença-prêmio. Nasce

sua terceira filha, Luciana. Colabora no quinzenário *Para Todos*. Trabalha na produção do filme *Orfeu negro*. Conhece Antonio Carlos Jobim e convida-o para fazer a música de *Orfeu da Conceição*, musical que estreia no Teatro Municipal do Rio de Janeiro. Retorna, no fim do ano, a seu posto diplomático em Paris.

1957 É transferido da embaixada em Paris para a delegação do Brasil junto à Unesco. No fim do ano é removido para Montevidéu, regressando, em trânsito, ao Brasil. Publica *Livro de sonetos*.

1958 Parte para Montevidéu. Casa-se com Maria Lúcia Proença. Sai o LP *Canção do amor demais*, de Elizete Cardoso, com músicas suas em parceria com Tom Jobim.

1959 Publica *Novos poemas II*. *Orfeu negro* ganha a Palme d'Or do Festival de Cannes e o Oscar de Melhor Filme Estrangeiro.

1960 Retorna à Secretaria do Estado das Relações Exteriores. Segunda edição (revista e aumentada) de *Antologia poética*.

Edição popular da peça *Orfeu da Conceição*. É lançado *Recette de femme et autres poèmes*, tradução de Jean-Georges Rueff, pelas edições Seghers.

1961 Começa a compor com Carlos Lyra e Pixinguinha. É publicada *Orfeu negro*, com tradução italiana de P. A. Jannini, pela Nuova Academia Editrice.

1962 Começa a compor com Baden Powell. Compõe, com Carlos Lyra, as canções do musical *Pobre menina rica*. Em agosto, faz show com Tom Jobim e João Gilberto na boate Au Bon Gourmet. Na mesma boate, apresenta o espetáculo *Pobre menina rica*, com Carlos Lyra e Nara Leão. Compõe com Ari Barroso. Publica *Para viver um grande amor*, livro de crônicas e poemas. Grava, como cantor, disco com a atriz e cantora Odete Lara.

1963 Começa a compor com Edu Lobo. Casa-se com Nelita Abreu Rocha e parte para um posto em Paris, na delegação do Brasil junto à Unesco.

1964 Regressa de Paris e colabora com crônicas semanais para a revista *Fatos e Fotos*, assinando, paralelamente, crônicas sobre música popular para o *Diário Carioca*. Começa a compor com Francis Hime. Faz show (transformado em LP) com Dorival Caymmi e o Quarteto em Cy na boate carioca Zum-Zum.

1965 Publica a peça *Cordélia e o peregrino*, em edição do Serviço de Documentação do Ministério da Educação e Cultura. Ganha o primeiro e o segundo lugares do I Festival de Música Popular Brasileira da TV Excelsior de São Paulo, com "Arrastão" (parceria com Edu Lobo) e "Valsa do amor que não vem" (parceria com Baden Powell). Trabalha com o diretor Leon Hirszman no roteiro do filme *Garota de Ipanema*. Volta à apresentação com Caymmi, na boate Zum-Zum.

1966 São feitos documentários sobre o poeta pelas televisões americana, alemã, italiana e francesa, os dois últimos realizados pelos diretores Gianni Amico e Pierre Kast.

Publica *Para uma menina com uma flor*. Faz parte do júri do Festival de Cannes.

1967 Publica a segunda edição (aumentada) do *Livro de sonetos*. Estreia o filme *Garota de Ipanema*.

1968 Falece sua mãe, em 25 de fevereiro. Publica *Obra poética*, organizada por Afrânio Coutinho, pela Companhia Aguilar Editora.

1969 É exonerado do Itamaraty. Casa-se com Cristina Gurjão.

1970 Casa-se com Gesse Gessy. Nasce sua filha Maria Gurjão. Início de sua parceria com Toquinho.

1971 Muda-se para a Bahia. Viaja para a Itália.

1972 Retorna à Itália com Toquinho, onde gravam o LP *Per vivere un grande amore*.

1975 Excursiona pela Europa. Grava, com Toquinho, dois discos na Itália.

1976 Casa-se com Marta Rodrigues Santamaria.

1977 Grava LP em Paris, com Toquinho. Show com Tom, Toquinho e Miúcha, no Canecão.

1978 Excursiona pela Europa com Toquinho. Casa-se com Gilda de Queirós Mattoso.

1980 Morre, na manhã de 9 de julho, em sua casa, na Gávea.

CRÉDITOS DAS IMAGENS

Todos os esforços foram feitos para determinar a origem das imagens deste livro. Nem sempre isso foi possível. Teremos prazer em creditar as fontes, caso se manifestem.

1. Acervo Arquivo – Museu de Literatura Brasileira, da Fundação Casa de Rui Barbosa.
2. Acervo Arquivo – Museu de Literatura Brasileira, da Fundação Casa de Rui Barbosa.
3. DR/VM.
4. Acervo Arquivo – Museu de Literatura Brasileira, da Fundação Casa de Rui Barbosa.
5. Acervo Arquivo – Museu de Literatura Brasileira, da Fundação Casa de Rui Barbosa.
6. Acervo Arquivo – Museu de Literatura Brasileira, da Fundação Casa de Rui Barbosa.
7. © Rene Burri/ Magnum Photos/ LatinStock.
8. © Illustrated London News Ltd/ Mary Evans.
9. DR/VM.
10. Acervo Arquivo – Museu de Literatura Brasileira, da Fundação Casa de Rui Barbosa.
11. Acervo Arquivo – Museu de Literatura Brasileira, da Fundação Casa de Rui Barbosa.
12. Acervo Arquivo – Museu de Literatura Brasileira, da Fundação Casa de Rui Barbosa.
13. Pierre Sghers e Vinicius de Moraes, Plaza Athenée, Paris, ADAGP, 1972. © Andrade, Alécio de/ Licenciado por Autvis, Brasil, 2012.
14. Acervo Arquivo – Museu de Literatura Brasileira, da Fundação Casa de Rui Barbosa.
15. Nicholas Eveleigh/ Digital Vision/ Getty Images

ESTA OBRA FOI COMPOSTA EM
FAIRFIELD POR WARRAKLOUREIRO/
ALICE VIGGIANI E IMPRESSA
EM OFSETE PELA RR DONNELLEY
SOBRE PAPEL PÓLEN BOLD
DA SUZANO PAPEL E CELULOSE
PARA A EDITORA SCHWARCZ
EM JUNHO DE 2012